신종족

시에시선 **042**

신종족

이동순 시집

詩와에세이

시인의 말

  여러 해 전 어느 TV 프로그램의 취재와 녹화를 다니던 시절의 일이다. 경북 청송의 어느 산골마을에 갔더니 불과 세 사람만 살고 있었다. 60대, 70대, 80대 할머니 주민 모두 셋만 달랑 살아가는 그곳 지명은 '너구마을'이었다. 셋 중에 가장 젊은 60대 여성이 마을 이장이라고 했다. 너무 외롭고 쓸쓸해서 점심 한 끼는 같이 모여 식사를 한다고 했다. 식사를 마치고 각각 자기 집으로 돌아가면 마을은 괴괴하기 그지없다. 전혀 인적이 느껴지지 않는다. 예전엔 제법 수십 가구가 살았다고 하는데 점점 퇴락해져서 이젠 세 사람만 남아 있는 마을이 되고 말았다. 하지만 이것도 몇 해 남지 않았다. 세 할머니들이 차례로 세상을 떠나게 되면 '너구마을'의 미래는 장차 어찌 될 것인가? 나는 그 마을에서 아주 상징적 실감으로 온몸에 소름이 끼치고 마치 감전된 듯 오싹해졌다. 왜냐하면 우리가 살아가는 삶의 터전과 환경이란 것도 이 '너구마을'의 경로를 그대로 뒤따르고 있는 것은 아닌가? 사람의 마을에 사람이 없는 것이다. 사람의 마을에 사람 냄새 나는 사람이 없거나 점점 줄어들고 있는 것이다. 겉모습은 사람과 같은데 생각과 행동이 전혀 다른 낯선 사람들이 사람의 마을에 들어와 살고 있다. 그들 사이로 들어가 일부러 어울려보지만 나는 곧 외계인이 되고 만다. 소통과 대화가 전혀 이루어지지 않는다. 낯설기 그지없는 군상들이 마을과 거리를 가득 채우고 있다. 나는 그들을 '신종족'이라고 부른다. 사람의 마을에 예전엔 못 보던 '신종족'이 산다. 가까이에서 오래도록 응시하며 나는 그들의 풍경을 시의 밑그림으로 담아본다.

2021년 봄
이동순

차례_

시인의 말 · 04

제1부

혼족 · 13
혼밥족 · 15
혼술족 · 17
혼족 스타일 · 19
포비아족 · 21
솔로족 · 23
박쥐족 · 25
빨대족 · 27
니트족 · 29
코쿤족 · 31
캥거루족 · 34

제2부

싱크족 · 39
딩펫족 · 41
골드앤트족 · 43
뷰니멀족 · 45
딩크족 · 47
웰빈족 · 49
거품족 · 51
키덜트족 · 53
홈루덴스족 · 55
히키코모리족 · 57
오팔족 · 59
미스터리족 · 61
프리터족 · 63

제3부

갓수족 · 67
반디족 · 69
김포족 · 71
베짱이족 · 73
메뚜기족 · 75
유턴족 · 78
노노족 · 80
점오배족 · 82
둥지족 · 84
면창족 · 86
새벽닭족 · 88

제4부

눈팅족 · 93
몰카족 · 95
파라치족 · 97
악플족 · 99
철퍼덕족 · 101
된장녀족 · 103
고스족 · 105
폭주족 · 107
좀비족 · 109
오렌지족 · 111
댓글족 · 113
먹튀족 · 115
압구정 풍경 · 117
스킨헤드족 · 119
스몸비족 · 121

제5부

쉼포족 · 125
통크족 · 127
프리터족 · 129
에스컬레이터족 · 131
엄지족 · 133
퀴터족 · 135
펌킨족 · 137
귀차니스트족 · 139
줌마렐라족 · 141
한류족 · 143
이불 밖은 위험해 · 145
소확행 · 146

시인의 산문 · 149

제1부

혼족

세상은 점점
고립이고 단절이다
어머니 뱃속에서도 홀로였고
살다가 죽을 때도 혼자다
가족 학교 직장
사회 조직들과 공동체 많고도 많지만
모두가 혼자 아닌 척
잠시 모여 있을 뿐
뿔뿔이 흩어져 혼자가 된다
혼자 살면서도
외로움 타지 않고
씩씩하게 당당하게 살아가는
혼족을 본다
혼자 노는 혼놀족
혼자 밥 먹는 혼밥족
혼자 술 마시는 혼술족
혼자 설 명절 보내는 혼설족
혼자 캠핑하는 혼캠족

혼자 여행 다니는 혼여족
혼자 공연 보러 가는 혼공족
혼자 카페에서 책 읽는 혼독족
혼자 커피 마시는 혼커족
혼자 호텔에 머무는 혼텔족
혼자 맥주 마시는 혼맥족
혼자 영화 보는 혼영족
만국의 혼족들이여
단결하라

혼밥족

아무도 없는 곳에서
혼자 먹는 밥이 좋아요
이따금 폰도 보고
이런저런 생각도 하고
홀가분하게 즐기는
나만의 혼밥 얼마나 아름다워요
남에게 불필요한 신경 따윈
안 써도 되지요
공연히 나에게 그런 눈길 주지 마세요
이게 타인과의 관계 단절은
결코 아니거든요
난 지금 나만의 고요
나만의 평화를 한껏 누리고 있어요
혼자 사부작사부작
나만의 짜릿한 시간 즐기다가
그것도 지루해지면
슬그머니 코인 노래방 찾아가서
코인 넣고 소리 지르는

혼코노 즐기지요
갑갑하던 속이 시원해져요
아무리 혼밥이라도 화장실 밥은 싫어요
그릇도 분위기도
제법 우아하게 갖춰서 먹지요
아름다운 혼밥
당신도 한번 즐겨보세요

혼술족

오늘 한잔하세
딱히 연락할 곳도 없고
그냥 심심해서
술병과 잔 갖고 와 앉았네

한 손에 술병 들고
빈 잔 바라보네
텅 빈 내 속이 저 잔과 닮았구나
채우면 줄곧 비워지니
나는 이날까지 비우려고 살아왔구나

빈 잔에 그득히 술 따르네
내가 흘린 눈물이
모두 잔 속에 찰랑찰랑 고였네
혼자 달밤의 꽃밭에서
제 그림자랑 권커니 잣거니 마셨다는
옛 시인 생각하네

그의 가슴속엔
풍류보다 슬픔으로 가득했으리
냉큼 잔 들어
내 눈물 얼른 마셔버리네
잔 속에 슬픔이 담긴 걸
허용할 수가 없네

천천히 취기가 오르네
또 빈 잔 물끄러미 바라보다가
나는 다시 넘치도록
술 따르네

혼족 스타일

솔로족과는
그 뿌리가 같지만
서로 다른 부분이 많지요

예전의 솔로족은
좁디좁은 원룸에서
삼시 세끼 라면만 먹었대요

하지만
우린 그들과 달라요
내 자신의 의식주 활동에
아낌없이 투자하지요

1인용 밥솥
1인용 벽걸이 세탁기
저용량 냉장고와 미니멀 티브이

혼자라고

측은한 눈길로 보거나
까다로운 인간이라 보지 마세요

혼자 떠난 여행길
혼자 들러서 먹는 편의점 음식
혼자 마시는 멋진 와인

'함께'는 불편해요
'혼자'라는 빈칸이 너무 아름다워요
외롭지만 눈물은 참지요

포비아족

모든 게 두려워요
무섭고 불안하고 떨려요
꽉 막힌 곳 두려워요
높은 곳에서는 오금이 저려
아래를 못 봐요
누가 내 심장 조이는 거 같아요

어둠이 무서워
밤엔 꼬박 불 켜놓고 있지요
와글와글 몰린
사람들 너무 싫어요
혹여 그 속으로 발 들여놓으면
죽을 것 같아요

어렸을 땐
아이들 떠드는 학교가 싫었지요
개도 고양이도 싫어요
더러워서 어찌 안고 다니나요

쥐 벌레는 죽음보다 싫어요
너무 넓고 텅 빈 곳이 두려워요

숨이 가빠져요
춥고 떨리고 식은땀 나네요
어지럽고 열이 올라요
가슴 울렁이고
메스껍고 구역질도 나네요
누가 날 좀 도와줘요

*포비아(Phobia)족: 공포감이 강박적으로 특정 대상에 결부되어 행동에 지장을 받거나 이상 행동을 하는 사람들

솔로족

혼자 사는
1인 가구가 점점 늘어나요
전체 국민의 25%가 넘는대요
프랑스 파리는 절반이 솔로족이래요

고용이 불안정한
2, 30대의 취업준비생
그나마 수입도 안정된 편이라는
3, 40대 전문직 종사자

이혼 별거 따위로 혼자 지내는
4, 50대 독신자 그룹
고령화 핵가족화로 독거노인이 된
60대 이상의 실버세대

술과 담배가
그들의 유일한 낙이지요
삶의 의미도 보람도 느끼지 못하고

늘 우울에 젖어 있어요

단절과 고립이
너무 싫고 두렵대요
경제적 정서적 불안정이 무섭지만
어쩔 도리 없이 그냥 살지요

박쥐족

낮엔 자고
밤에는 활발하지
이런 생활이 벌써 수십 년이야
이젠 기질이나 체질 되었어
남 만날 일 없지

혼자 쓰고
혼자 그림 그리고
깊은 밤에 커피 마시며 듣는 음악
너무 호젓하고 좋아
내 방은 동굴 폐광 밀림 고목
나는 여기 거꾸로 매달려
그 시간 즐기지

심심할 때면
코끝으로 초음파를 발산해
나처럼 밤에 깨어 있는 동족들이
곧 응답의 초음파 보내와

이 귀한 시간에 쿨쿨 잠만 자는
당신들이 불쌍해

모두가 잠든 시간에
내 상상력은 우주를 훨훨 날지
종횡무진 활개 쳐
동녘 하늘 서서히 밝아오면
나는 안대를 끼고
침대에 눕지

잠들기 전에
내 다정한 동족들 이름 불러보네
관박쥐 뿔박쥐
붉은박쥐 긴꼬리수염박쥐
아무르박쥐 우수리박쥐
모두들 잘 자거라

빨대족

물이나 액체를
빨아올릴 때 쓰는 이것을
늙은 부모 연금에
깊숙이 박고
쪽쪽 빨아대는 자식놈들 많대

부모에게 의존하는
젊은것들은
연어족 캥거루족으로 부른다지만
이 무리들은 나이 들어서도
부모님 댁에 틀어박혀
지내지

연금으로 살아가는
그 처지도 아랑곳없이
부모 등골에 빨대 박고 있지
수치도 주위의 눈길도
전혀 무시하고

줄곧 방바닥에서 낮잠만 자며
미운 짓만 골라 하네

바로 이것들 때문에
실버 푸어가 점점 늘어나지
그저께도 옆 동네에서
한 늙은이가 목을 매었다네
그냥 볼 일 아냐

니트족

중고등 때
부모님 속 엄청 썩였어
지방대 한 군데 겨우 붙었지만
한 학기 다니다 자퇴했어

집에서 빈둥거리다
군대도 갔다 오긴 했지만
여전히 부모님 등골 빨고 사는
나는 기생충이야

고졸에 자격증도 하나 없고
무슨 사이버대학에 등록은 했지
요즘 포장 알바 다녀
부모님 아시면 창피하실 거야

당당한 직업 갖고 싶지만
전혀 여건이 안 되네
취직을 한들

업무 환경도 인간관계도
감당하기 어려워

나는 말 그대로 자발적 백수
이제야 정신이 들지만 늦었군
죽으면 해결될까
알려주셈

*니트(NEET): 'Not in Education, Employment or Training'의 머리 글자를 따서 만든 말. 교육이나 훈련을 받지 않고 일도 하지 않으며 구직활동도 하지 않는 15~34세의 젊은 사람을 일컫는다.

코쿤족

나는
종일 방에서 놉니다
스마트폰과 줄곧 놉니다
직장인 커뮤니티에 들어가 눈팅
인스타그램에 들어가
랜선 조카들에게 우쭈쭈
유튜브로 랜선 집사 노릇도 하지요
배고프면 라면 끓여
한 그릇 뚝딱
그리곤 또 방안에 누워 폰질
놀다 보니 자정입니다
시간은 나를 타넘고
강물처럼 유유히 흘러갑니다
나는 이불속에서
발가락만 꼼지락거립니다
다시 폰을 켭니다
ASMR이 시작되면서
은은한 백색소음 들립니다

비 쏟아지는 소리
시냇물 졸졸 흐르는 소리
나뭇가지가 바람에
저희끼리 몸 부비는 소리
폭포에서 요란히 물 떨어지는 소리
나는 가만히 눈을 감습니다
그제야 맘이 편해집니다
방바닥에 누운 채로
온몸 또르르 굴려 이불을 맙니다
나는 이불속에서 누에고치가 됩니다
한 마리 고치가 되어
미래와 우주를 유영합니다
학교생활은 즐겁지 않고
사람들 속에서 나는 언제나 혼자였어요
외부 세상은 위험하고
내 방만 안전합니다
방안엔 모든 게 다 있지요
나는 나만의 공간에서

포근하게 에너지 충전을 합니다
방안에 웅크리고
나는 차츰 고치가 됩니다
한 마리 나방이 되어
하늘 훨훨 날아오르는
꿈을 꿉니다

*코쿤(cocoon): 고치

캥거루족

아직도
부모님 둥지에 살지요
취업난 시절엔
졸업 안 하려고 잦은 휴학
심지어 해외연수로
시간 벌었지요
졸업 후에도 계속 한심한 취준생
어쩔 도리가 없어
부모님 댁으로 들어와 살아요
내가 떠났던 옛 둥지
이렇게 몇 해째인지 모르겠어요
운 좋게도 일자리 구했지만
여전히 부모님 댁
그대로 못 떠나고 있네요
왜냐구요
월급 너무 적어
경제적 자립이 불가능해요
방값 생활비 감당할 도리 없네요

몸은 어엿한 어른이지만
아직도 부모님 신세 지고 있으니
미성숙 상태지요
가끔 오는 친척들이나
주변 이웃 사람들 만날까 두려워요
조용한 휴일
혼자 방바닥에 누워 있으면
내가 어미 뱃속에서 꼼지락거리는
아기캥거루 같다는 생각 들지요
이따금 창밖 내다볼 때면
부모님 댁이
육아낭(育兒囊)이란 생각 들지요
미성숙 상태로 태어나
엄마 배 주머니에서 줄곧 젖 빨고
거기서 겨우 살아가는
나는 아기캥거루

*캥거루(kangaroo): 깡충깡충 뛰어다니기에 좋게 길고 힘센 뒷다리를 가지고 있으며, 짧은 앞다리는 거의 팔처럼 사용된다. 새끼 캥거루는 덜 발달한 상태로 태어나 한 달 동안 새끼를 기르는 어미의 주머니(育兒囊) 속에 있다.

제2부

싱크족

나는
당당한 싱글
일찍 일어나 한강에서 조깅
집에 와선 가볍게 식사하고 출근
종일 열심히 일하고
퇴근 후엔 각종 여가생활
영화나 뮤지컬 봐
주말이면 친구 만나거나
가끔 여행도 떠나지
복수개념의 가족은 없지만
나 혼자도 엄연한 가족이잖아
내가 쇼핑을 가면
전 가족이 함께 다니는 것
나름대로 행복 누리며 살아가는
나는 당당한 싱글
외식할 때면 강남이나 홍대 앞
혹은 신촌으로 가지
거긴 나홀로족 위한 식당 많고

간편한 메뉴도 많지
비좁은 칸막이 사이로
벽을 보고 식사하는 싱글들 많지
대형할인마트 패스트푸드
코너에는 손쉽게 한번 해 먹고
바로 치울 음식들 많아
혼자 벌고 혼자 멋진 삶 즐기는
나는 1인 가구 싱크족

*싱크(SINK)족: 'Single Income No Kid'의 줄인 말. 결혼적령기를 넘겼으나 자금난 때문에 의도적으로 결혼을 미루는 사람

딩펫족

결혼 후
아이가 생기지 않았지요
병원에 가서 온갖 검사 했는데
자궁암이 발견되었어요
다행히 초기라
수술하고 잘 지내지만
평생 엄마 될 수 없다니 슬퍼요
제 몸이 이러니
임신 못 하고 바라지도 않아요
만약 생긴다 해도
육아 전쟁 전혀 자신 없어요
흙수저로 태어나
늘 빠듯한 살림인데
아기 키우기는 현금인출기라지요
저에게 임신은 사치죠
그래서 반려동물 키우게 되었지요
고양이 두 마리 넘 예뻐요
속 모르는 어른들은

짐승 키울 거면 아기 키워

이렇게 타박하지만

이젠 우리 같은 딩크족 딩펫족

카페에 가입해서

각종 정보 공유해요

제가 아이 대신 동물 키운다고

당신이 무슨 피해 입나요

제발 이상한 눈길로

우리를 낯설게 보지 마세요

우린 우리끼리

즐겁게 살아갈 거니까요

*딩펫(DINKPET)족: 의도적으로 자녀를 낳지 않는 맞벌이 부부를 일컫는 딩크족(DINK: Double Income, No Kids)과 애완동물을 뜻하는 펫(pet)의 합성어. 아이 대신 애완동물을 기르며 사는 맞벌이 부부

골드앤트족

싱글로 살면서
조카라면 사죽을 못 쓰는
여인들이 있어
그저 물고 빨고 껴안고
화상 폰으로 애정 고백 쏟아내고
즤 어미 아비보다
한층 사랑을 퍼붓는
폭포 같은 사랑 냅다 쏟아붓는
맹목적 사랑
무한대적 내리사랑
대개 이모나 고모로 불리는데
폰 바탕화면에는
당연히 이쁜 조카 사진
어떨 땐 화상통화 연결해놓고
혼자 막 울기도 하지
예뻐서
너무너무 예뻐서
내 모든 것 다 줘도 아깝지 않은

우리 조카 귀욤이
자나 깨나 조카 생각 뿐
그저 예뻐서 또 징징 울음보 터져
너랑 같이 살 순 없을까
보고 싶을 때
늘 못 보는 것이 내 고통이야
어린 조카 녀석도
이러한 앤트가 싫지 않아
오는 정 가는 정이라 했으니
나도 앤트가 좋아하면
앤트는 폰 속에서 또 철철 우네

*골드앤트(Gold Aunt)족: 조카를 마치 자신의 아이처럼 귀여워하며 조카를 위한 지출을 아끼지 않는, 경제적으로 여유가 있는 미혼의 고모나 이모를 이르는 말

뷰니멀족

만지고 싶은데
만질 수가 없다면
그냥 눈으로 키우세요
직접 키우는 건
번거롭고 또 내 능력 밖이지요
종일 일하고 집에 돌아오면
너무 지쳐 있어요
이럴 때 강아지 돌보는 건 불가능
인터넷 강아지는 편해요
그냥 보고 즐기기만 하면 되지요
양육비도 들지 않고
어떤 도덕적 부담도 없지요
화면으로만 봐도 예뻐 죽겠어요
사실 강아지 좋아하지만
똥 치우고 씻기고 놀아줘야 해서
몹시 불편하지요
유튜브 인스타그램에는
오늘도 내 좋아하는 강쥐 사진

새로 떴네요

동물 육아 채널도 있어요

랜선 웹툰에서 잘 고르기만 하세요

개 고양이 판다

여우 낙타 두루미 코알라

없는 게 없어요

인터넷으로 내가 고른 동물들

목욕시키고

발톱도 깎아주고

간질이기도 하고 넘 예뻐요

오늘 밤도 컴에서

너석들과 자정까지 놀았네요

*뷰니멀(Viewnima)족: 본다는 뜻의 '뷰(view)'와 동물의 '애니멀(animal)'이 합쳐진 말. 동물을 직접 키우지 않고 온라인상에서 영상과 게임 등을 통해 반려동물 문화를 즐기는 사람들을 가리킨다.

딩크족

우리 부부는
어쩌다 딩크가 되었네요
육아비 교육비도 들지 않았고
집안은 늘 조용
미쳐 돌아가는 사교육 열풍도
뒷짐 지고 바라보지요
이 시대 고통받는 아이들을
측은하고 불쌍하게 보고 있답니다
왜 사람들은
우리 딩크에게 비난과 공격
마구 퍼붓는지요
출산을 애국이라 말하지 마세요
우리도 세금은 충실히 내고 있지요
우리는 내 아이를
동물처럼 키우고 싶지 않아요
이기 때부터 영어 가르치고
하루에 서너 개 학원 보내고 싶지 않아요
제발 남의 인생

함부로 평가하지 마세요
우린 우리 방식으로 잘살고 있거든요
왜 다양성을 인정하지 않나요
우리 교육은
기술만 있고 지성 품성이 없어요
제발 우리를
둘만 잘살겠다는 돈벌레로
여기지 마세요
출산을 성스러운 경험이라 하지만
그건 동물도 하잖아요
제발 우리에게 신경 좀 꺼주세요

*딩크(DINK)족: 'Double Income, No Kids'의 머리글자를 따서 생긴 말. 정상적인 부부생활을 하면서 의도적으로 자녀를 갖지 않고 맞벌이를 하는 젊은 부부

웰빈족

없이 살지만
비굴하진 않아요
계산할 때 화장실 가거나
구부려 신발 끈 묶진 않아요
그건 빈대족들이나 하는 짓이지요
가령 패스트푸드점에서
친구들 세트 주문할 때 나는
달랑 햄버거만 시켜요
콜라는 친구 컵에 빨대 꽂지요
다 마시면 리필해요
친구들 샐러드 포테이토칩
내가 더 먹지요
세트 메뉴 기념품은 내가 챙기지요
후배들한테 한턱 쏠 때는
음료수 먼저 시켜서
헛배 잔뜩 부르게 하지요
그래야 고기 주문 덜 하잖아요
술자리에서 친구들

나 때문에 짜증 내지요
나 술 마시지 않았으므로
안주 값만 내겠다 해서
더치페이 계산이 길어지지요
잔돈까지 따지니까요
나더러 기피 대상이라지만
어쩔 수 없어요
나도 살아야 하니까

*웰빈족(well貧族): '웰(Well)과 가난하다는 뜻의 빈(貧)'이 합쳐져서 생겨난 말. 돈은 없더라도 나름대로 심신의 안녕과 건강도 챙기는 무리. 또는 그럼 사람을 가리킨다.

거품족

물 위에 둥둥
떠가는 거품을 봅니다
내 신세도 저 거품 같습니다
가정에서나 직장에서나
확실한 내 자리가 없습니다
바람결에 이리저리 밀려다니며
힘없이 떠서 맴돕니다
조직과 환경에
전혀 적응 못하고 헤맵니다
불평불만은 늘어가고
자꾸만 투덜대는 버릇이 생겼네요
내가 이렇게 된 것은
모두 시대와 환경 때문입니다
그 누구를 믿겠습니까
승진욕 경쟁의식 별로 없습니다
업무에 대한 애착도 없고
시키는 일만 겨우 해낼 뿐입니다
그저 될 대로 되라지

이런 생각으로 하루를 삽니다
지금은 무관심 무책임이
최고의 상책입니다
살다 보면 좋은 날 오겠지요
세상이 온통 거품이니
나도 거품처럼 살아가지요
그게 편해요

키덜트족

어린 시절
즐기던 장난감이나
만화 과자 의복이 그리워요

진지하고 무거운 것
너무 싫어요
그저 천진난만하고 재미있는 것
오로지 그것만 즐기지요

이 각박한 세상에
어린 시절 감성으로 돌아가면 행복해요
우리가 즐겨 가는 영화관에서
「알라딘」「미녀와 야수」
「이상한 나라의 앨리스」를 즐겨 보지요

키덜트 샵에 가면
인형 잡지 만화 싸구려 군것질
재미 유치함 판타지

그 시절로 잠시 돌아가면
즐겁고 행복해요

우리가 즐기는 건
무슨 특별한 목적이 있질 않고
바로 이거지요

*키덜트(KIDULT)족: 어린이의 키드(kid)와 어른(adult)의 합성어. 아이들 같은 감성과 취향의 어른을 뜻한다. 주로 2, 30대의 성인 세대에서 확인된다.

홈루덴스족

드디어 금욜이네
내가 정말 좋아하는 날
퇴근길에 마트로 가지
내 소형차 모닝이 나를 태워줘
애는 저녁에도 밤에도
늘 모닝이지
담주 월욜 아침까지 먹을
식재료를 사지
꼬마 핫도그 통삼겹살 냉동 감자튀김
지난달에 사둔 에어프라이어가
모든 요리 뚝딱 해줘
잘 익은 삼겹살은
금빛 테두리 접시에 담아
수제 캔 맥주도 하나 준비하지
혼자 멋진 식사 마친 뒤
나는야 거실 소파에서
빔프로젝터의 스크린을 내리지
한 손엔 리모컨

또 다른 손엔 스윗&솔트 팝콘
때로는 오징어 따위의
건어물을 질겅질겅 씹기도 하지
멀뚱한 이 시간이 너무 행복해
새벽까지 영화 보다가
침대로 가지
주말 아침엔 늦게 일어나
와플 두 조각에 망고 칵테일 한 잔
다 먹고 나면
워킹 패드 펼쳐놓고 걷지
일욜 저녁엔 1인 메뉴 배달음식
혼자 먹고 혼자 놀고
넘넘 행복해
고독감 따위는 끼어들 틈 없어

*홈루덴스(homeludens)족: 집에서 여유시간을 즐기려는 사람들

히키코모리족

밖을 안 나간 게
몇 해째인지 모르겠어
가족들도 이젠
내 방에 안 오지
인터넷과 티브이에 매달려 살아
이게 있어서 심심하진 않지
우울이 강물처럼 밀려오면
죽고 싶은 생각뿐

사람이 싫어
남과 만나는 거 두려워
친구 따윈 필요 없어
방안은 나의 우주
나의 천국
나를 포근히 감싸주는 품
이곳을 벗어나는 건
상상할 수 없어

지금이 밤인가 낮인가
그걸 굳이 알 필요는 없어
단지 내 맘이 편한 거
그게 최고야
이렇게 세월 가고 늙어가겠지
나는야 행복한 히키코모리
둥지에 깊이 숨어서
혼자 즐거운 은둔 외톨이

*히키코모리(引きこもり): 사회생활을 거부하는 은둔형 외톨이

오팔족

세상에서
가장 듣기 싫은 말은
실버 은퇴 그레이란 말
할머니 할아버지라는 말
누군가 어르신이라 부르는 말
노인대학이란 말 싫어
버스 지하철에선
경로석 가까이로 절대 안 간다네
현재의 삶에 그냥 안주하며
맥없이 사는 게 싫어
자녀나 국가에 의지하기 싫어
혼자 고래고래 떠들어대는
태극기부대 소통 부재는 소름 끼쳐
그건 그야말로
자멸과 해체의 꼴불견이지
정확히 말하자면
나는 적극적 활동적으로 살아가는
영 올드 스트롱 시니어

아직 건강하고
시간 여유 즐긴다네
내 개성과 활력 바탕으로
봉사활동 취미생활 즐기지
계속 몸 움직이고
진취적 역동적으로 살아가네
내 하고 싶은 일 골라서 하며
열정 하나로 살아가네
나는 영 올드 스트롱 시니어
내 속에서 늙음 쫓아내며
힘차게 산다네

*오팔(OPAL)족: 'Old People with Active Life'의 머리글자를 따서 생긴 말

미스터리족

누가 어디서
뭘 하건 상관할 바 아니지만
참 이상해
이해할 수가 없어
왜 스마트폰 들고 거기 있지

공중전화 부스
요즘은 그걸 쓰는 사람 드물지만
누가 거기서 줄곧 통화 중
길모퉁이 부스는
지나간 시대의 낡은 유물

먼지 끼고
칠 벗겨지고 지저분
몹시 춥고 칼바람 부는 날
들어가 피하기 좋아
깊은 밤 여친과 키스하기도 좋지

그런데 가만히 보노라니
공중전화 아니라
휴대폰으로 통화중
정작 공중전화 쓸 사람이
동전 들고 줄곧
밖에서 대기 중인데도 막무가내

들리지는 않지만
부스 안에서 혼자 소리치고
손짓하고 핏대 세우네
왜 거기서 그러니
참 미스터리

프리터족

예전엔
반반한 정규직이었지
수직적 구조에서
마구 쏟아지는 지시 명령이
너무도 싫었어
정규직 일자리 박차고 나왔지
점점 나이가 들어
그 후론 재취업 안 되고
돈 필요할 때 임시로 일하는
알바로 살아가지
저임금 중노동의 맥잡뿐
험하고 궂은일뿐
주로 패스트푸드점이 내 일터
일용직 비정규직
노동 빈곤층
과거엔 청년층뿐이었는데
이젠 머리 희끗한
중장년층이 늘어났어

하루 11시간
주당 55시간 일해
단순노동이라 머리 쓸 일 없지
그저 하루 벌어먹고 사는
하루살이 인생이지만
마음만은 편해

*프리터(freeter): 프리(free)와 아르바이트(Arbeit)를 합성해서 생긴 말. 일정한 직업 없이 돈이 필요할 때만 한시적으로 임시직 아르바이트 일을 하는 사람들

제3부

갓수족

금수저로
태어났으니 따로
직업을 가질 필요가 없지

부모가 줄곧
자동이체로 용돈 보내주니
아쉬움이라곤 없지

일 따위는 안 해
경제활동은 나와 무관해
월급 타는 친구들보다 내가 더 써

늘 놀고 지내는
내 처지 부럽다며
나더러 신적 수준의 백수래

카페에서
여친이랑 만나도

폰만 만지작거리며 각자 딴짓

사는 게
왜 이리도 심심한가
삶의 의미와 보람은 무엇인가

*갓수족: 신(God)과 백수(白手)의 합성어. 경제활동을 하지 않고 부모가 주는 용돈으로 직장인보다 풍족한 생활을 하는 사람. 또는 그런 무리

반디족

땅거미 짙어 오고
아파트숲이 어둠에 잠깁니다
자세히 보세요
대단지 아파트 베란다에
반딧불이 날아다니는 게 보여요
북쪽 방에 불 끄고
창문으로 뒷동 내다보면
베란다 여기저기서
반디 깜빡이는 게 보입니다
아파트 숲에 나타난 반딧불이
장관입니다
저녁 식사 마친 가장이
아내와 자식들 성화와 잔소리 피해
혼자 베란다로 나와
지금 식후 담배 한 대 맛있게
즐기는 중이랍니다
창문 열고 후우 연기 내뿜으면
위층 창으로 고스란히 빨려듭니다

윗집 여자가 고개 내밀고
마구 험한 쌍소리 퍼붓습니다
깜짝 놀란 반디족
고양이 걸음으로 살그머니
거실로 숨어듭니다
관리소에서 방송으로
몇 번이나 베란다 담배 금한다 해도
날 저물면 어김없이
반딧불이가 나타납니다

김포족

찬바람 돌면
김장하던 시절 그리워요
형제자매 이웃사촌
일가친척들 함께 모여
품앗이로 김장하던 추억
이젠 아련해요
눈발은 펄펄 날리는데
절인 배추에 쓱쓱 양념 비비고
단지에 차곡차곡 넣으면
마당귀에서 삽으로 김장독 묻던
아재 삼촌들
모두 돌아가셨네요
언제부터인가 김치 안 담아요
밥상에 김치 접시
늘 손도 안댄 채 나와요
딤채에 묵은지
두 해째 그대로 있지요
재작년부터 아예

김장이란 걸 포기했어요
식구들 무관심인데
굳이 담을 필요가 없잖아요
꼭 먹고 싶을 땐
마트에서 봉지 김치 사다 먹지요
친구들이 놀려요
너도 기어이 김포족 되었냐고
어릴 적 김장하던 날
왁자지껄하던 우리 집 풍경이
그립고 아련해요

베짱이족

아껴 쓰고
함께 나눠 쓴다는
그 말이 무슨 말입니까
평생 죽도록 일만 하고 사는
그게 어디 사는 겁니까

우린 말이지요
그날 번 건 그날 다 쓰지요
어차피 짧은 인생
너무 궁상떨며 살지 마세요

전국 맛집
다 꿰고 있지요
식사 마치면 꼭 스타벅스 가요
고급 등산복 쇼핑하고
조용할 땐 네일아트 가지요

찬바람 불면

세부 푸켓 보라카이 가요
해먹에 누워 황혼을 바라보며
맥주 열대과일 즐기지요

면세 천국
괌 홍콩 하와이도 자주 가요
쇼핑 관광 휴식 먹방
이걸 위해 살아요
코로나 땜에 이것도 이젠 어렵네요

버는 돈보다
쓰는 돈이 훨씬 많아
그게 조금 걱정되긴 하지요
그래도 이렇게 살다
죽을 거예요

메뚜기족

가을걷이 앞둔
볏단 위로 이리저리 뛰어다니는
녀석들 있지
더 나은 조건이나
일자리 찾아 이리저리
너무 쉽게 옮겨 다니는 직장 메뚜기
공짜 폰에 마음 쏠려
수시로 통신사 옮겨 다니는
폰 메뚜기
시험 기간 중 대학도서관
누가 잠시 비운 자리 꿰차고 있다가
주인 오면 발딱 일어나
또 다른 빈자리로 날아가는 뻔뻔 메뚜기
저금리 시대
조금이라도 더 낫게 주는 곳 찾아
금융기관 옮겨 다니는
금리 메뚜기
어렵게 개원했다가

기본수지 안 맞으면
재빨리 폐업하고 또 이동하는
속 타는 의사 메뚜기
떴다방 차려놓고
아파트 당첨 안정권 청약통장
불법으로 사들여
당첨되면 웃돈 받고 전매한 뒤
잽싸게 튀는
분양권 단타족 메뚜기
영화관에서 가격 낮은 자리 앉았다가
슬그머니 비싼 자리 옮겨 앉는
얌체 메뚜기
학기마다 이 대학
저 대학으로 옮겨 다녀야 하는
시간강사 메뚜기
한 생보사에 정착하지 않고
더 나은 곳 찾아 일자리 옮기는
보험설계사 메뚜기

담뱃값 오른다고 하니
마트 담배 동네 담배 싹쓸이하는
담배 메뚜기
주변 찬찬히 돌아보니
세상은 온통 메뚜기 천지

유턴족

살다 보면
제 길 놓치고
한참 가다가 돌아올 때가 있지

혹은 잘못된 길인 줄도 모르고
내처 그냥 지나쳐서
갈 때가 있지

가파르고 험한
사회에서 허우적거리다
다시 학교로 돌아오지

끝내 취직에 실패하고
다시 전문대 입학해서 기술 배우는
대졸 그룹들

장교로 전역해서
실업자 생활 오래 하다가

새로 부사관 지원 입대하는 사람들

농촌에서
도시로 이주했다가
다시 농촌으로 귀농하는 사람들

노량진 고시텔
현관에 써 붙인 문구
빈방 없으니 전화도 하지 말 것

공시생은 오늘도
컵밥으로 나 홀로 식사
식사 중에도 줄곧 단어장 외우지

*유턴(U-turn generation)족: 사회에 나갔다가 다시 학교로 돌아오는 사람들의 부류를 지칭하는 말

노노족

그 누가
늙음을 막을 수 있나
백발과 주름살
맥 빠진 목소리와 무기력
그런데 회갑 지나
칠순 팔순 넘겨서도 여전히 팔팔한
시니어들 있나니
규칙적 운동과 건강한 식생활
젊게 느껴지는 옷차림
청바지에 가벼운 티셔츠
힘찬 걸음걸이가
여전히 청년 같은 노인들 있나니
체력과 외모부터
그들은 노인스러움 거부하지
지하철에서도
일부러 경로석 외면한다네
평소 즐기는 취미는
난타 댄스 헬스 등산 라이딩

심지어는 암벽타기
자식에게 기대지 않고
손주 돌보기도 거절하고
자기만의 취미나 시간 즐기는
당당하고 활기찬 시니어
멋쟁이 실버

*노노족: 노(No)와 노(老)가 합쳐서 생겨난 말

점오배족

명절이 두려워요
친척들 만나기가 두려워요
취업 준비는 잘 되어가니
결혼은 언제 하니
앞으로 어찌 살 거니
이런 질문 쏟아질 게 뻔하지요
그래서 명절엔
아예 집엔 안 돌아가요
대형마트나 24시간 편의점에선
명절 근무 특혜가 있어요
직원들 연휴에 쉬니
빈자리 메꾸는 단기알바 뽑지요
수당도 더 주지요
요즘 같은 불황 시대
취업빙하기라 일컫는 시대에
0.5배에서 1.5배까지
명절 잔소리 안 들어 좋고
수당까지 두둑이 챙길 수 있으니

얼마나 좋아요
가족들 못 만나 쓸쓸한 건 있지만
우선 돈벌이가 중요해요
두고 보세요
내 인생도 내 노후도
늘 점오배로 당당히 살 겁니다

둥지족

내가 입으로
두 글자 발음하면
가슴부터 먼저 따뜻해지는 말
포근함 사랑스러움이
눈물처럼 그렁그렁 맺혀오는 말
먹이 구한 어미가
포르르 날아 달려가는 곳

졸업이 두려워
제 다니던 대학 떠나지 못하고
몇 년째 그대로 틀어박힌
대학둥지족도 있다네
경기불황에
주머니 가벼운 샐러리맨들
퇴근 직후 무작정 달려가는 곳
맞벌이 신혼부부들
보금자리

하지만 가장 슬픈 건
아이들 자라서 입대와 결혼으로
하나둘 떠나고
썰렁해진 아파트
태풍 지나간 숲 산책길에서 만난
땅에 떨어진 빈 둥지
그 허전함

면창족

너무 빨리
꼭대기에 올랐나 봐요
남들보다 빠른 초고속 승진
임원 되었다고
축하받은 게 엊그제인데
오늘은 출근해서
먼지 낀 창밖만 바라보네요
할 일 없어서 신문 펼쳐보는데
실물경제 위기 본격화
고용 현장 위기감 확산
이런 기사만 눈에 들어옵니다
회사에서 일감 안주니
그냥 앉아서 멀뚱히 창문만 봐요
엊그제 노랗던 은행나무가
오늘은 세찬 바람 속에 시달리며
우수수 잎 떨굽니다
조기 명태 생태
알밴 명태족이 부럽지요

이 겨울에 떠나라면 어떡하나요
덕장의 황태 동태가
눈발 속에 보이는 듯합니다
누가 노크만 해도
가슴 철렁
해고통지서 들어 있는
노란 봉투 날아올까 두려워요
앉으면 가시방석
서면 두근두근

*면창족(面窓族): 불황 시대에 일감이 없이 창문만 바라본다는 뜻으로 생겨난 말. 고용정리 대상자를 가리킴.
*조기: 조기퇴직
*명태: 명예퇴직
*생태: 해고 대신 타부서 전출로 살아남음.
*알밴 명태족: 퇴직금을 두둑이 받은 명예퇴직자
*황태: 황당한 퇴직
*동태: 한겨울에 명예퇴직한 사람

새벽닭족

동녘 하늘 밝아옵니다
아직 미명인데
어판장에는 경매꾼들 모입니다
해안도로엔 벌써
뛰는 사람들 나왔습니다
골목에는 우유배달
신문배달꾼들 바삐 다닙니다
외국어학원은
새벽부터 불 환히 켜지고
영어 중국어 일본어 배우려는
수강생들 모여듭니다
시장 실비식당엔
아침 식사하려는 사람들 보입니다
건설공사장 일꾼들과
택시 기사들이 주요 단골입니다
맑고 상쾌한 아침 공기
꿀처럼 달콤하지요
출근 전 골프 나인 홀 라운딩

테니스 두 게임
달리기 10km는 필수입니다
헬스장에는 새벽잠이 없는 장년들
와글와글 몰려와서
러닝머신도 하고
기구 운동도 열심히 합니다
쉴 때는 조간신문 찾아 읽습니다
저녁 약속은 피하고
잠자리에 일찍 눕습니다
새벽 한 시간이 너무 소중합니다
하루 일과가 활기차고
풍성합니다

제4부

눈팅족

SNS에서
남이 쓴 글 댓글 없이
그냥 눈으로 둘러보기만 하는
무리들 이렇게 부르지
'좋아요'도 찍지 않고
몰래 본 뒤 연기처럼 사라지는
그들 몹시 싫어하네
몸서리치도록 싫어하네
열고 닫는 문마다
얼굴 받혀서 아프게 하시고
종일 재수 없게 하소서
아침에 세수하다 눈 찔리소서
사는 복권마다 꽝 되고
종일 답답해서 가슴 치게 하소서
꿈마다 악몽으로 잠 못 들게 하시고
설거지할 때마다
접시 깨고 발등 찧게 하소서
애인에겐 버림받고

마누라한테 따귀 맞게 하소서
담배 필 때마다
흡연 단속 걸리게 하시고
벌린 입에 파리 날아들게 하소서
그들 만약 댓글 달아준다면
하는 일마다 복이 터져
대박 나게 하소서

몰카족

봄이 되니
두툼한 옷 벗어 던지네
가볍고 상쾌한 치마
몸 스치는 실바람 너무 좋아
미니 입고 다니면
뭇 사내놈들 흘끔거리지
안 보는 척 곁눈질로 흘끔대지
버스 지하철
붐비는 쇼핑센터
백화점 에스컬레이터
여름이면 풀장 해수욕장
이상하게 밀착해서 신발 들이밀지
그놈 구두 끝에는
올려다보는 음흉한 눈알 있지
몰카 으앗 모올카
그 눈알 지금 돌아가고 있네
내 다리 사이
내 치마 속 찍어대고 있네

회사 동료 중에도 그런 놈 있지
근무 회식 가리지 않고
내 빈틈 노리네
녀석은 저질 관음증 환자
이런 또라이들 주변에 넘치네
목사 검사 대학생
공무원 군 장교 대학교수
사지 멀쩡한 놈들 이런 짓 하네
한 고등학생
수업 중 여교사 치마 밑
찍다가 들켰네
거기 뭐가 있다고 찍어대나
이런 놈들 모두 한 군데 가둬놓고
서로 원 없이 찍게 해

파라치족

세상엔
별별 종족들 많아
불법행위 몰래 제보하고
포상금 챙기는
각종 파라치 전문꾼들
숨어서 교통위반 촬영하던
카파라치는 옛말
부정 의료보험 신고하는 의파라치
음주 운전자 신고하거나
19세 미만에게 버젓이 술 판매
고발하는 주파라치
금지된 합성수지 도시락
즉각 찾아내 신고하는 도파라치
탈세 고발하는 세파라치
쓰레기 불법 투기 알리는 쓰파라치
선거사범 적발하는 선파라치
유통기한 넘겼거나
남은 음식 재활용 고발하는 식파라치

불법조업 신고하는 배파라치
짝퉁 상품 고발하는 짝파라치
가짜 휘발유 적발하는 유파라치
불법사채업자 찾아내는 사파라치
불법 도박장 신고하는 도파라치
건전한 감시 감독
필요하긴 하지만 몹시 귀찮아
쉬파리처럼 윙윙 붙어 따라다니며
줄곧 카메라 들이대는
저 파파라치들

*파파라치(paparazzi): 타인을 집요하게 따라다니며 특종 사진을 찍은 뒤 신문이나 잡지사에 팔아넘기는 직업적 사진사를 말한다.

악플족

그들은
지금 중증환자
관음증 자기 과시욕

이 두 가지 충족되지 않을 때
익명성 뒤에 숨어
걷잡을 수 없는 분노
공격적 행동 퍼붓는 늑대가 되지

그들은 네티건
인터넷에 잠복한 훌리건
입만 열면 비방과 허위 쏟아내네
주로 상대방 까거나
특정 집단에 대한 혐오성 망언

악플로 무리 속에서 튀며
주목받는 걸 즐기지
주로 연예인이나 유명인

함부로 비난하고 난도질해서
순간적 짜릿함 즐기지

그들은 자기 속에 숨은 열등감
억압된 감정 쏟아내네
뒤에 은밀히 숨어서
비겁하게

철퍼덕족

대형서점
바닥 비좁은 통로 여저기
서가 등진 자세로
자기가 보고 싶은 책
아예 수북이 골라다 놓고
철퍼덕 앉은 채로 읽고 있는
신종족들 생겼네
책 수레도 못 지나가고
사람들 통과에도 불편하지
뻔뻔한 얌체들
서점 직원 수시로 다니며
일어나주세요
여기 앉아서 보시면 안 돼요
그들 일으켜 세우지만 잠시뿐
직원 지나가고 나면
또 앉아서 바로 삼매경에 빠지네
주로 즐겨 읽는 건
무협 판타지 N세대 연애소설

미스터리 소설 등
대개 사보기 돈 아까운 것들
이런 떼서리 막으려
출판사에선 랩까지 씌워 출고하지만
크게 도움 안 돼
당당히 랩도 벗기고 보는 걸
불황으로 매출은 자꾸 줄어드는데
이 신종족 늘어만 가네

된장녀족

그 여자는
고급인 척하지만
집에서는 된장에 밥 비벼 먹지
학생식당에서
싸구려 된장찌개 먹고
커피는 스타벅스만 마셔야 한대
어렵게 살면서도
어디서 어떻게 뽑아오는지
머리부터 발끝까지 온통 명품이지
제아무리 명품으로 휘감아도
그냥 토종 된장일 뿐
늘 빈둥거리면서
시럽 캐러멜 잔뜩 넣은
스타벅스 커피 물처럼 마시지
남친이랑 식당 가면
비싼 음식 시키고
꼭 인증 샷 찍어 SNS에 올리지
남친 졸라 얻은 명품 백 들고

뉴요커처럼 걷지
이런 여자 때문에 피해 본
사내들 한둘이 아냐
개념 없는 여친에 대한
사내들의 경멸과 혐오가 담긴 말
어느 짜증 난 사내가
불쑥 내뱉은 말 이런 젠장
이후 젠장이 된장 되었다지만
하여간 좋은 말 아니지

고스족

저기
못 보던 종족 가네
해 저문 홍대 앞 몰려 걸어가네
발목까지 치렁치렁 검은 옷
검은 모발 창백한 피부
자줏빛 립스틱
가슴 아래로 드리운 해골 액세서리
검은 빛깔로 강조된 다크서클
피어싱 주렁주렁 달고
뾰족 첨탑 장신구
중세 갑옷 무기수집도 하지
죽은 동물의 박제가
너무 아름다워
앤 라이스 브램 스토커 소설은
우리의 기본 교재야
드라큘라 프랑켄슈타인 즐겨
어둠과 공포
죽음 신비 몽환 초현실은

우리의 매혹적 코드
빅토리아 시대의 향기로운 고딕
너무 그립고 사랑스러워
돌아가고 싶어
억눌린 문화 감금된 사회규범
너무 싫어 미워
꾸며진 조작도 너무 싫어
끝없이 음울 즐기고
암흑 속에 나를 해방시킬 거야
어둠이야말로 무한 자유
무한 사랑 무한 창조
무한 에너지

*고스(GOTH)족: 죽음을 연상하게 하여 음산하고 기괴한 분위기를 풍기는 사람이나 그런 무리. 기성세대의 가치를 반대하여 자신들만의 독특한 문화를 가지고 등장하였다. 영국 빅토리아시대 고딕 문화의 음울한 정서에 대한 선호를 나타낸다고 해서 이런 이름이 붙었다.

폭주족

그들은
왜 무제한 속도로
마구 달리고 싶은 걸까
땅 위만 달리는 게 맘에 안 차
하늘로 박차며
훨훨 날아오르고 싶은 게지

그것도 하필이면
삼일절이나 광복절 새벽
세상이 아직도 잠든 시간에
어마어마한 굉음으로
떼 지어 폭주하는 것이다

값비싼 경주용 바이크 몰고
시속 200km 300km
예사롭게 폭주하는 청소년들
전국 조직도 수백 개
견인차 구급차도 동원되고

행동수칙까지 갖추었다

연료탱크 위엔 고성능 스피커
경음기 달아서 최대 소음
말로는 반일이라지만
알고 보면 소갈머리 없는
일본 폭주족 흉내

좀비족

불면의 여름밤
석촌 호수에 밤이 오면
이곳 잠실 일대는 좀비들 나라
좀비의 국기 게양식은
밤에만 열리네
가까운 지하철 광장은
인간 겨냥한 좀비 떼의 공격
인간에게 좀비 바이러스 강제로 주사하려는
좀비들의 광란 현장
괜히 행인 잡아
물고 할퀴고 주사 찌르는 좀비들
여기저기서 들리는 비명
고통스런 신음소리
한 좀비 다가와 애걸하네
당신의 뇌 한 조각만 주세요
핏빛 조명 섬뜩하게 껌뻑이는데
길가의 식당 좌판에는
좀비들 좋아하는 기호식품들

피범벅 짜장면
눈알 탕수육
좀비들 입술 피 묻힌 채
게걸스럽게 먹어 치우네
모두들 좀비 복장으로 퍼레이드 펼치는
좀비 퍼포먼스

오렌지족

90년대
과천 서울대공원
정문 앞에 써 붙인 글 생각나네
오렌지족 출입금지
한쪽 귀에만 귀고리 한 남자
일부러 우리 말
서투르게 해대는 남자
청바지 뒷주머니에
여권 찔러 넣고 으시대는 남자
말 꼬랑지 같은 긴 머리 남자
고급 외제차 타는 20대
수백억 재산 자랑하는 집안의
귀한 외동아들
이런 애들이 어디 한둘이었나
국내에서 부족한 학벌
외국 가서 보충하려고 떠난
미국 독일 프랑스
그 유학 생활 모두 실패하고

돌아온 압구정동
그곳은 70년대 생 신세대의
욕망 해방구
해방구의 멋진 쇼윈도
그곳의 안과 밖은 서로 안 통해
일반 학생들 어렵게 살 때
압구정족들은 오직
술 여자 더불어 인생 즐기는 것
카드 수표 마구 쓰며
외제차 스포츠카 타고 뽐내는 것
애틋한 연애는 싫어
당일 부킹으로 곧장 호텔 직행
벼락치기 쾌락이 으뜸
이렇게 놀던 오렌지들 궁금하네
지금 어디서 무얼 하나

댓글족

인터넷 댓글이
무섭게 진화하고 있네
그냥 자기 의견만 올리는 건
아득한 옛날
이게 마케팅 수단도 되고
사회의 굵직한 이슈
혹은 어둠에 묻힌 사건 사고를
세상 밖으로 끌어내네
인터넷 인구는 늘어만 가는데
댓글 영향력도 커져가네
대한민국은 이제
댓글천국 댓글공화국
이걸 달아보지 않은 사람 없네
뉴스 블로그 개인 홈피
카페까지 드나들며
마구 댓글 쏟아붓는 무한폭격기족
어떤 이슈 생기면
긴 꼬리 이어가는 헛소문족

짧은 댓글에도
칭찬과 격려 담는 실속파족
저도 그 제품 샀는데
정말 좋더라고요 기능도 대만족
이렇게 홍보하는 작전파족
무플이 두려운지
댓글 다는 분들 복 받으실 거예요
애교 협박 겸하는 애걸복걸족
가장 무서운 부류는
대량으로 댓글 뿌려 여론까지
조작하려는 슈퍼댓글족
같은 하늘 아래 살아도 전혀
삶이 다른 종족 분화
이뤄진다네

먹튀족

제 잇속만 챙기고
몰래 사라지는 것들 많아
가장 고전적 먹튀는
피 같은 군자금 독립자금 착복한 먹튀
총칼로 정권 도둑질하고
나라 거덜 낸 뒤
내 책임 전혀 없다는 독재자 먹튀
차표 없이 열차 타던 무임승차
택시로 도착한 골목
지갑 꺼내는 척 도망치던 먹튀
밥 먹고 술 마신 뒤
살그머니 달아나는 식당 먹튀
보험료 낸 적 없이
일시 귀국해 고액진료 받고
곧 해외로 잠수 타는 건강보험 먹튀
금융기관에서 돈 빌려
외국으로 달아나는 대출 먹튀
고객예탁금 가로챈 뒤

기업파산 처리하는 은행 먹튀
간부 임원 몰래 짜고
회사 부도내어 돈 챙기는 기업 먹튀
창업이나 부업 미끼로
보증금 투자금 삼키는 사기꾼 먹튀
편의점 위장 취업 후
교통카드 충전하는 알바 먹튀
고속도로 달려와선
그냥 통과하는 하이패스 먹튀
어디에 어떻게 쓰였는지
전혀 모르는 후원금 기부금 먹튀
외국자본 빌려 쓰고
갚을 능력 없다는 차관 먹튀
세상은 온통
먹튀들로 가득하네

압구정 풍경

옷도 검정색
모자도 검정 모자
발목까지 내려오는 검은 드레스
길게 늘어뜨린 검은 모발
온통 검은 빛깔로 치장하고
강남 압구정 거리를 걷는
한 떼의 무리가 있네

립스틱도 레지나표의 짙은 검정
해골 디자인의 장신구
검정 매니큐어
음산한 공포 분위기의 아웃사이더
그들은 단절된 산업사회의
세속적 풍경을 거부하고 반항하네
일부러 그렇게 꾸미고
일탈 문화 즐기네

억눌린 현대 사회의 일그러진 욕망

고독하고 폐쇄적인 어둠의 마력
그를 바라보는 사람들은
웅성거리고 킬킬대고
심지어는 다가가 꾸중도 하네
살아 있는 뱀파이어
늑대인간

스킨헤드족

외국인만 보면
칼로 찌르고 싶어진다는
러시아의 스킨헤드
투박한 점퍼에
거칠고 무뚝뚝한 군화
머리는 아예 빡빡 밀고 다니는
극우파 백인우월주의자
품속에 송곳과 드라이버 감추고 다닌대
그 녀석들 흉내 낸
한국판 스킨헤드 생겼다네
인터넷에 모임까지 결성했다네
놈들 활동 목표는
주로 다문화가정 반대
약한 여인들이나 아동에 대한 공격
소름 끼치는 소식이야
백 년 전 이 땅엔
침략자 일본에게 협력하는
일진회란 게 있었고

그 회원 놈들이 빡빡머리하고 다녔지
세계 일주 떠난 승려 만해가
블라디보스토크에서 총탄 맞은 것도
일진회원으로 의심받은 탓
지금의 빡빡머리는
몹시 배타적인 외국인 혐오자들
어쩌다 이런 기류 생겼나
험한 시대가 빚어낸
양아치 문화

*스킨헤드(Skin Head)족: 머리를 빡빡 깎고 다니며, 극단적 외국인 혐오증을 가진 극우민족주의자들

스몸비족

저기 횡단보도에
좀비 걸어가네 거북처럼
쭉 빠진 일자 목으로
지금 스마트폰 보느라 정신없네
흘러간 날
공포 영화에서 보았던 넋 나간 시체의
느릿느릿한 걸음걸이
신호가 빨간불 바뀐 줄도 모르고
폰만 보며 걸어가네
보도블록 턱에 걸려 넘어지는
얼빠진 놈
다른 보행자와 부딪치는 놈
알고 보니 부딪친 그놈도 폰 보고 있었네
폰 보다가
공사 중인 맨홀에 떨어져 죽은 놈
호숫가 낭떠러지에서
실족으로 강물에 빠져 죽은 놈
운전 중에도 줄곧 폰에 빠져 있는 위험한 놈

독사와 모기 맹견

교통사고보다 더 무서운 스마트폰

홍기에 깊이 빠진 채

세상의 스마트폰 좀비들

스몸비족 되었네

*스몸비(smombie)족: 스마트폰(smartphone)과 좀비(zombie)의 합성어. 길거리에서 고개를 숙인 채 주변을 살피지 않고 걷는 사람들을 이르는 말

제5부

쉼포족

나에게
휴식이란 건 사치야
잊고 산 지가 오래 되었어
왜 나는 이렇게
늘상 바쁘고 고달프게 살아가나
휴가라곤 없이
코뚜레 꿴 소처럼
시간에 스케줄에 질질 끌려가네
한 번도 편한 시간 없이
아파도 못 쉬고 출근해야 하는
계속 이어지는 야근
퇴근 후에도 자꾸 업무 연락 오는데
식사도 거르고 일하며
명절 연휴에도 출근하지
회사나 상사의 눈치만 슬슬 보는
집에 와도 못 쉬고
밀린 집안일 해야만 하는
나는 우울한 쉼포족

오늘도 퇴근 제때 못하고
회사에 갇혀 있네
자꾸 피로는 덧쌓이고
스트레스 때문에 극도로 예민
직종을 바꾸거나
이직 퇴사까지도 고려 중
나는 한 마리 사축(社畜)
회사에게 사육당하는 동물
불쌍한 짐승

통크족

그 북적이던 집에서
자식들 새처럼 다 떠나가고
결국 우리 둘만 남았군요
제네들 자기 살림도 바쁜데
언제 부모 행복 보살피고
관심 갖겠어요
우리는 진작 깨달았지요
내 건강 내가 지키고
내 앞가림 스스로 해야 한다고
젊어서부터 알았지요
손자 손녀 양육에
우리 시간 허비하기 싫었어요
다 키워주니
온몸에 잔뜩 병만 얻은 걸 많이 봤지요
모두 덧없는 짓이에요
돌봐달라는 요구를 단호히 거절했지요
그 때문에 아이들과도
멀어졌지만

우리 삶이 더 중요하니 어쩌겠어요
그래서 지금
늙은 내외끼리 서로 의지하고
오붓하게 살아가지요
자식들에게 부담 주지 않고
내 건강 내가 챙기고
독립적으로 살아가면 되지요
그러니 여보
어쨌든 아프지 말고
그저 재미있게 행복하게
오래오래 기대고 살아갑시다

*통크(TONK): 'Two Only No Kids'의 머리글자를 따서 생긴 말

프리터족

워낙
취업이 어려우니
먹고 살려고 다니지요
하루종일 알바에서 알바로
뛰어다니며 해가 집니다
생계형 알바
대학 졸업하고 10년째
정규직 일자리 못 구했습니다
부모님과 친구들 보기가
면구스러워요
새벽 5시부터 팔려 가는
막노동 많이 다녀보았지요
정확히 말하면 건축 현장 일용직
날 궂거나 몸 아프면
그냥 쉽니다
주유소 세차장 대형마트
음식점 편의점 패스트푸드점
대리운전 목욕탕 청소

상품 포장이나 행사 예식 도우미
컴퓨터 출장 수리
프린터 토너 바꿔주기
이런 곳에서도
청년층 중장년층 은근히
세대 간 경쟁 갈등 치열하더군요
그냥 이렇게 나날이
줄타기하듯 살아갑니다
나를 측은히 보는 그런 눈길
너무 싫어요

*프리(Free)와 아르바이트(Arbeit)가 결합하여 새로 생겨난 말

에스컬레이터족

어릴 적부터
그렇게 배웠지요
계단 오르듯 한 단계 두 단계
인생을 업그레이드시키며 살라고
부모님께 배웠어요

공부도 성적도
좋은 대학 합격도 취직도
지방대학이면
서울 쪽 대학 편입으로
거기서 좀 더 나은 대학으로
한 칸 더 옮겨 타고

취업도 승진도
사업도 연애도 결혼도
출산도 성공도 저축도 당첨도
조금씩 조금씩
한 계단 더 올라가기

이제 끝까지 오르면 무얼 하나
그냥 내려다보지요

백화점
에스컬레이터 타고
위층으로 올라가며 둘러봅니다
절대 머리 내밀지 마세요
오르는 사람과
내려가는 사람들이
상승과 하강의 의미도 잊은 채
서로 멀뚱히 봅니다

엄지족

애가 없다면
어떤 것도 해내지 못할 걸
붓 쥐고 수저 잡고
가위질에 신발 끈 묶기
온갖 악기연주에 라켓 쥐기
책장 넘기기 돈 헤아리기
이 엄지가 한때
마우스 쓰던 검지에 밀린 적 있지
하지만 이젠 엄지시대야
온라인 모바일쇼핑
모든 구매는 스마트폰에서
엄지로 척척
각종 정보검색 문자메시지
밤새도록 전국의 엄지는
몹시 바쁘다네
온라인쇼핑몰 거래액은 사상 최고
증권거래도 엄지로 하지
엄지족이 이젠 대세야

여덟 개 손가락은 폰 받침대
좌우 두 개 엄지는
문자 채팅으로 바쁘다네
감기 조심해
간식 챙겨 먹고 학원 가
하얀 물고기처럼 작고 통통한
엄지는 오늘도
모바일 자판 위에서 톡톡 튀네
자, 모두 함께 손가락으로
'사랑해' 하세요
누가 뭐래도 오직 그대가
엄지 척

쿼터족

요즘 아이들
몹시 걱정스러워
인터넷 모바일엔 재빠르지만
다른 일엔 전혀 무관심
생각조차 부족해
진지하게 접근하고 집중하는
그런 능력 없으니
이 험한 세상 어찌 살아갈지
인내심 전혀 없고
생각과 행동 늘 부족해
무엇이든 15분이면 충분하니
쿼터 세대라 부르지
어렵고 복잡한 거 싫어하며
쉽고 단순한 일만 좋아해
고난도 일 싫어해
역경 만나면 혼자 헤쳐가지 못하네
아기 때부터 폰 게임만 했으니
그들과는 대화가 안 돼

긴 대화 싫어해
하지만 직관적 사고
감각적 순발력 아이디어 개발엔
놀랍게도 기민해
그러니 걱정만 할 건 아니야
우리 아이들
너희도 인생에서
수많은 실패 두께 있는 경험
차곡차곡 쌓아 가세요
그러면 어느 땐가는 분명
멋진 기성세대 되리

*쿼터(Quarter)족: 행동과 사고에 걸리는 시간이 기성세대의 1/4 밖에 걸리지 않을 만큼 속도가 빠른 젊은 사람

펌킨족

신기한 것
재미있는 것
즐겁고 유익한 것
이런 거 보면 참을 수 없어요
무조건 퍼 나르지요
내 블로그는
이렇게 퍼온 남의 글 넘쳐요
가끔 참지 못하고
남의 글에 내 아이디도 달지요
그 옛날 이른 아침
우물가로 물 길러온 아낙네들
모여서 쑤군쑤군
동네방네 뜬소문 입소문
온갖 발 없는 말
천 리 길에 전하던 수다쟁이들
그들은 우리 가문의 조상
요즘 말로는 펌킨족
웹에서 찾아낸 신기한 콘텐츠

곧장 퍼 나르지요

푸다에서 펌

동료 친구의 킨을 합쳤지만

KIN을 곧추세우면 '즐'이 되지요

펌 즐기는 무리

펌 블로그 펌 누리꾼

우리는 펌뮤니케이션 시대의 주역

디지털시대의

강력한 구전 주체

밤낮 펌질로만 살아가요

옛날의 구전(口傳)이 펌[傳] 되었네요

또 펌질하러 가야 해요

굿바이

*펌킨Purmkin)족: 펌이란 '퍼옴' 또는 '퍼 나름'을 뜻하며, 다른 사이트의 글이나 사진을 퍼오는 것을 의미하는데, 이 같은 펌 문화 속에 익숙한 사람들을 '펌'과 '킨(kin, 동료)'의 합성어인 '펌킨'으로 이름 붙임.

귀차니스트족

제발 나에게
뭘 좀 하자고 하지 마
밖에 나가기 싫어
난 오늘 그냥 누워 있을 거야
그냥 모든 게 귀찮아
먹는 것도 싫어
말도 걸지 마
그동안 너무 시달렸나 봐
만사가 귀찮아졌어
손끝마저도 움직이기 싫어졌어
세상은 너무 빨리 변해가네
불가피하게 맺어야 하는 인간관계
늘 나를 이리저리 옭아매는
이메일과 휴대폰
버스 노선은 왜 그리 자주 바뀌나
내 몸과 마음이여
지친 나 이끌고 다니느라
수고 많았지

난 어둠 속에서 잠만 즐기는
게으른 고양이
이러다 우울증 오면 어쩌지
나를 게으르만족이라 놀려대지만
난 시간을 의미 있게 쓰려는 소비 집단
난 당당하게 당당하게
귀찮아할 거야

줌마렐라족

세상은
온통 줌마렐라 시대
더 이상 따분한 아줌마 아냐
신데렐라로 둔갑한
멋쟁이 아줌마
상큼 발랄 진취성까지 갖춘
우리 시대 최고의 중심
지역별로 줌마렐라 정모도 해요
줌마렐라 축구단 창단
줌카페 줌마켓도 생겼어요
왜 기죽고 살아요
자기보다 소중한 게 어디 있나요
자식도 남편도
내 사정 전혀 모르지요
나를 관리하고 개발하세요
자신에게 가장 먼저 투자하세요
당신 속에서 쿨쿨 잠든
신데렐라 깨우세요

마인드만 바꾸면 달라지지요
여유도 생기고
패션 감각도 산뜻해져요
우리 비록 지친 아줌마지만
내 속의 신데렐라만 불러내면
삶이 달라지지요
적극성과 능동성으로
삶을 개척하고
무엇보다 아름다워지지요

*줌마렐라족: 아줌마의 '줌마'와 신데렐라(Cinderella)의 '렐라'를 합성한 단어. 적극적 성향에 경제적 능력까지 갖춘 아줌마지만 신데렐라처럼 아름답고 진취적인 기혼 여성을 일컫는 말이다.

한류족

한국은 이제
그들 생활의 중심
한국산 휴대폰으로 전화 받고
한국영화 광고판 앞에서
버스 타고 시내 가네
창 너머 빌딩 옥상에는
요즘 잘 나가는 한국모델들 사진
시내에선 친구랑 만나
한국식당 가서 불고기 점심
식사 후 한국제품 전문쇼핑몰 가서
한국상표 붙은
옷 신발 장신구 둘러보네
실내엔 한국가요 요란히 들리는데
그들 둘은
잡지에서 본 최신
한국영화 한국드라마 사러 가네
이번 주 한국과 동시 출시된
DVD 몇 장 구입

그리곤 바로 극장으로 가네
오늘 한국 유명 배우 온다는 소식
그가 출연한
중국어 더빙 영화 한 편 보고
한국제 택시로 귀가
저녁 식사 후엔
가족들과 한국 드라마 보네
이렇게 하루가 갔네

이불 밖은 위험해

☞ 님 주말에 뭐해?
☞ 집~
☞ 또? 나와~ 익선동~ ㄱㄱ
☞ 놉!!!!!
☞ 아, 왜!!!!!!!!!!!!!
☞ 이불 밖은 위험해

소확행

가장 비싼 편의점 도시락을
캔 맥주랑 먹으며 즐기는 시간
아이 둘 낳고
그 두 녀석 잠든 모습 보는 시간
달달한 주전부리 먹으며
내 좋아하는 드라마 시청하는 시간
고요한 오전의 커피 한잔
직장의 바쁜 시간
믹스커피 한잔 뽑아 들고
탕비실에 숨어 홀짝거리는 시간
회사의 프린터로
내 필요한 거 뽑아내는 시간
회사에서 내 노트북과 스마트폰을
완충하는 시간
가까운 산길을 맨발로 걷는 시간
말랑말랑한 아기의 발 만지며
냄새를 맡아보는 시간
개와 고양이의 등을 쓰다듬는 시간

시장 골목에 서서
그토록 먹고 싶었던 닭발을
원 없이 먹는 시간
몹시 추운 날
따뜻하게 데워진 비데에
엉덩이 붙이고 앉아 있는 멍한 시간
클래식 음악 잔잔히 틀어놓고
일하는 시간
내 아코디언 연주가
실수 없이 마무리 앞두고 있는 시간
이 소소하고도 확실한
행복의 시간

*소확행: 소소하지만 확실한 행복

시인의 산문

한국시 정신사의 맥(脈)은 누가 이어가는가

　『법화경(法華經)』에서 말하는 일곱 가지 귀한 보석 중에는 진주(眞珠)가 반드시 들어간다. 그런데 이 진주는 외부 입자가 진주조개의 외투막 안으로 침투할 때 세포가 그 입자 주변에 달라붙어서 동심원 형태로 형성되는 물질이다. 이를 일컬어 '상처가 진주를 낳는다'는 말이 생긴 것인지도 모르겠다.

　상처로 말하자면 험한 세월을 살아온 우리 한국인 모두의 삶과 내면에 상처 없는 사람이 어디 있으랴? 식민지와 분단, 전쟁의 깊은 상흔이 아직도 이 땅의 곳곳에 그대로 남아 있는 환경 속에서 상처란 어쩌면 우리와 함께 살아가도록 운명 지어진 동반자적 존재인 듯하다. 운명적으로 결합이 된 이 상처를 나의 의지로 멀리하거나, 아니면 내 뜻에 따라서 의도적으로 분리시킬 수는 없는 노릇이다. 다만 상처를 어떻게 관리해가는가에 따라 그 사람의 삶의 조건과 특성이 결정되는 것임은 두말할 나위가 없다.

우리 주변에서 가까운 지인들의 삶을 응시해보노라면 대개 지난날의 상처를 항시 잊지 않고 되새기며 전전긍긍하고 살아가는 비관적 자세가 있다. 그런가 하면 그 상처를 껴안고 오히려 그것을 사랑하면서 상처와 더불어 삶을 유유자적하며 살아가는 모습도 드물게 보인다. 하지만 대체로는 과거의 상처가 주는 고통과 시련 때문에 피멍이 들고 탈진한 상태에서 그 어떤 희망도 전망도 포기한 채 체념의 상태로 살아가는 경우가 가장 일반적인 듯하다.

프랑스 시인 랭보(J. N. A. Rimbaud, 1854~1891)는 시「지옥에서 보낸 한철」(Une Saison en enfer)에서 "계절이여, 성(城)이여! 상처 없는 영혼이 어디 있는가"라고 절규의 목소리를 나타내 보였다. 과연 랭보의 말대로 그러할 것이다. 세상에는 오로지 상처투성이의 영혼들로 가득 차 있다. 자신의 내외부에 깊게 팬 상처 자국을 힘든 과정을 거쳐 기어이 귀한 진주로 만들어내는 시인들이 있으니 우리는 이 계절에 그들의 시작품을 읽으며 고통의 시간을 스스로 위로받는다.

1. 시를 빚어내는 추억과 상처

사람이 나이가 들면 대체로 과거 시간의 추억에 잠기기를 좋아한다. 우리에게 있어서 그 과거 시간이란 가난과 굶

주림, 핍박과 시련의 기억들로 가득하다. 그러나 한 세기에 가까운 세월이 흘러간 시점에서 뼈저린 고통의 추억들은 대개 감미로운 기억들로 바뀌어져 있다. 과거의 불행을 떠올리는 것은 오히려 감미로울 수 있으나 과거의 행복을 떠올리는 것은 심한 아픔으로 다가올 수 있다.

 우리 한국인들에게 있어서 추억이란 어떤 것일까? 노년층의 경우 제국주의 식민지 시대의 민족 차별과 주체성 말살 및 그 유린과 관련된 추억들이 많을 것이다. 특히 일제 말기의 열악했던 상황 속에서 초근목피로 연명하던 시절을 자주 떠올리곤 한다. 이제 그들의 육신에서 남은 시간은 그리 많지 않다. 노년층의 초입에 든 세대들의 경우 한국전쟁 시기에 겪었던 폭격과 무참하게 파괴된 건물의 잔해들, 길가에 그대로 방치되어 있던 시체들, 피난 시절의 고달픔과 서러움 따위가 주된 추억들로 떠오르곤 한다.

 좀 더 후배 세대들이라면 군대 시절의 고통스러운 경과들에 대한 추억들로 가득하다. 청년기 세대들의 경우 과연 어떤 추억과 상처가 그들의 가슴속에 깊게 각인되어 있을까? 세대를 초월한 고통과 상처의 기억이란 가족 간의 갈등 및 불화와 대립, 질병과 관련된 힘겨운 추억과 상처들일 터인즉 우리의 가슴은 한날한시도 빈 공간이 없다. 이런 환경 속에서 사람들은 대개 과거의 추억을 소처럼 되새김질하며 천천히 늙어간다.

이런 관점에서 다음 시작품을 읽는 느낌은 특별하다. 시인은 현재 고희를 갓 넘긴 세월 속에서 흘러간 과거 시간의 추억에 아련히 잠겨든다. 그것은 주로 한국전쟁과 피난 시절, 대구와 부산에서의 기억들이다.

 시인의 인식 속에서 과거 시간은 "상처 입은 짐승"이며, 그 기억은 컴컴한 무대의 한쪽 구석에 웅크리고 있다. 그 기억들의 주변으로는 무거운 막이 쳐져 있고, 일부러 들춰보려 하면 당시의 생생한 고통들이 떠올라 소스라쳐 놀란 모습으로 막을 닫아버린다. 말하자면 기억의 특성 자체는 매우 불규칙적이며 갈등과 고통의 시간에 황량하게 노출되어 있다.

 하지만 힘겹게 그 막을 열고 보면 기억의 무대 위에는 불타는 차량들, 끊어진 다리들, 폭격으로 무참히 토막 난 시신들, 파괴된 탱크들, 대구와 부산에서의 아픈 추억들이 마치 흑백필름처럼 눈앞을 스쳐 지나간다. 당시 대구의 신문팔이 소년들이 〈영남일보〉를 '영감할바이신문'이라고 외치며 다녔다는 시인의 증언은 문화사적 자료로서도 소중하게 다가온다.

　과거가 상처 입은 짐승들처럼 웅크리고 있는 무대에
　점점 더 무겁게 쳐지는 막
　힘들게 들춰보다 서둘러 닫는,

열리면 무엇엔가 걸려 잘 닫기지 않는.

추억은 전쟁을 무작위로 이은 필름으로 만든다.
불타는 차량, 가운데 한두 칸 비워진 교량
팔다리 딴 데 두고 누워 버티는 사람들
허리에 구멍 뚫린 탱크, 기총소사, 몇 줄기 행진곡,
　　　　　　　　　　—황동규, 「소년행(少年行)」 부분

  시인과 비슷한 노년 세대들에게는 한국전쟁의 아픈 기억과 상처가 세월이 갈수록 절실하고 새롭게 되새겨지는 과거 시간일 터이나 젊은 후배 세대들에게 있어서는 직접 겪지 않았던 전쟁의 기억보다 오히려 가족 간의 갈등이나 질병 따위와 관련된 추억과 상처가 더욱 절실하게 다가올 것이다.

  전쟁의 시련과 상처를 고스란히 간직하고 있는 그들의 부모 세대들은 이제 노년기에 이르러 삶을 서서히 정리하는 시점에 다다라 있다. 건강을 잘 다스리고 유지하며 살아갈 수 있다면 얼마나 좋을 것인가? 하지만 그들의 육신은 지치고 병들어 보행조차 불가능하고, 휠체어에 몸을 의지하는 처지인 경우도 많다. 그마저도 불가능할 경우 오로지 병상에 누워서 초점을 잃은 표정으로 허공만 멍하게 바라보고 있는 것이다.

기억에 오래 남는 시작품들 가운데는 병상의 늙은 부친을 다룬 시작품이 공교롭게도 다수 눈에 띄었다. 하지만 이 작품들은 대개 진솔한 시인의 마음이 담겨 있는 작품들로 독자의 가슴을 아리게 하고 후벼 파는 효과로 다가온다.

ⅰ) 풍경도 좋은 산 아래
　　요양병원 뜰 앞 붉은 철쭉
　　과잉스럽게 피어 문 직원들의 웃음이 의심쩍다

　　일어서지도 걷지도 못하면서
　　괜찮다 밥맛도 좋고
　　그려 보이는 그 합죽한 웃음이 의심쩍다

　　어서 가그라 바쁠 텐디…
　　기다렸다는 듯이
　　돌아 나오는 발걸음이 이리 가벼워도 되는가

　　딸아이가 먼 데서 전화를 한다
　　아빠 잘 계시느냐
　　안부 전화가 의심쩍다
　　　　　　　　　　　　　　―복효근,「고려장」전문

ii) 싸이나를 먹은 꿩들이 밭둑에 자빠져 있는 걸
소쿠리에 주워 담는다
고모부가 나에게 근본도 없는 놈이라고 한 말은
저녁에 먹을 꿩고기를 생각하면 아무것도 아니고
약을 먹은 산꿩들이 아무렇게나 처박혀 누워 있는 저녁
슬픔이란 것은 태초부터 저렇게 맥없이 누워 있어
겨우내 쌓인 눈 위에 싸락눈은 내리고
굵은 꿩들이 숲속 어디에 숨어 이쪽을 내다보는 저녁
콩알 같은 불빛 한 점 찍어먹으며 누구나 견뎌야 하는데
아버지는 어째서 견디지 못했나
약을 먹고 넘어간 동공에 어린 나를 가득 담았을 것이나
결핍이 얼마나 채찍처럼 사나운지 아버지는 몰랐을까
아직 숨이 붙은 꿩은 깡충깡충 갈잎을 물고 달아나고
그 뒤를 따라가 나는 발로 걷어찬다
놈이 살았다면 커서 황홀한 날개의 장끼가 되겠지
애비도 없이 자란 나는 밭둑에서 꿩을 줍는다
숨이 끊어질 때 죽음은 싸이나처럼 몸에 황홀하게 퍼졌을까
인간과 꿩 사이에 언제까지나 이런 장면들이
반복될 거라는 사실을 나는 어떻게 알았을까
할머니가 캄캄한 눈으로 마당에 나와
내 소쿠리에 가득 든, 피 토하고 죽은 산꿩을 뺏어들고
연기 나는 부엌으로 들어가듯이

고모부가 변소에서 나오다가 싸락눈을 받아먹는 나를 욕하
고
절름거리는 다리를 앉히고 꿩의 깃털을 벗기듯이
굴뚝으론 할아버지 앓는 기침이 하얗게 새어나가듯이
멀리서 꿩들이 꿩꿩, 제 이름을 부르며 우는 저녁
나는 머리를 오동나무에 대고
왜 이 모든 풍경들이 내 몸으로 흘러들어오는지가 궁금했다
해마다 눈은 내릴 것이고 꿩들은 배가 고플 것이고
나는 죽은 아버지 함자를 까먹지 않기 위해
손톱을 세워 나무에다 새겨 넣었다
　　　　　　　　─최금진, 「산꿩이 우는 저녁」 전문

iii) 통영항구에서 밧줄에 꽁꽁 묶여 있는 낡은 배 한 척을 만
났습니다
　뼈처럼 드러난 물살들이 그의 마른 가슴을 확 적시고 저만
치 물러갑니다
　젖어버린 그의 가슴을 바람만이 들락거리며 거칠게 여닫
습니다
　다가가니 삐걱거리는 소리가 가슴을 칩니다
　오랫동안 묶여 있는 것들은 소리를 냅니다
　자유를 달라든가, 풀어달라든가,
　그렇게 간절한 속울음이 있습니다

수많은 링겔줄에 생명을 연장하던 아버지의 빈 몸뚱이를
오늘 통영항구에서 만났습니다
아버지의 마지막 숨 멎는 순간,
묶인 배의 밧줄을 풀듯 아버지에게 묶여 있던 링겔줄을
하나씩 풀어드렸습니다
아버지는 자유로운 한 마리 물새가 되었습니다
갈매기 한 마리가 울음 울며 빈 하늘을 빙빙 돕니다
—최가림, 「통영항 묶인 배」 전문

iv) 스핑크스의 수수께끼는 이제 수정되어야 한다
아침에는 네 발, 낮에는 두 발,
저녁에는 세 발이던 인간
길어진 밤에는 때때로 여섯 발이므로

수직을 잃어버리고 수평에 기울어진 아버지
한 발짝 두 발짝
온몸을 네 발 보행기에 의지하고
발걸음 내딛고 있다
요양병원 문을 열고 다시
걸어서 나갈 수는 있을까
최초의 몸짓으로 최후의 몸부림으로
발자국 떼고 있다

휠체어에 앉은 뿌연 눈빛들이 한 걸음씩 뒤따라온다

걸어온 몇 발자국 십 리만 같고
더 걸어가야 할 몇 발 앞은 백 리처럼 먼데
앙상한 두 다리 벌벌 떨리고 숨소리 거칠다
여섯 발 걸음이 향하는 곳, 어둠이 깊다
걸음마 걸음마
한 발 더, 두 발 더······

—이영혜, 「여섯 발 아가」 전문

ⅰ)은 요즘 우리 주변에 무수히 난립해 있는 노인요양원의 운영 실태와 그 심각한 부조리를 꼬집고 있는 작품이다. 뿐만 아니라 노인요양원에 부모를 입원시켜놓은 자식들은 어쩌다 가끔 들러서 얼굴만 잠시 바라보고는 도리를 다했다고 생각하는 경박한 세태를 풍자하고 있다. 사실 노인요양원은 꼭 필요한 것이긴 하지만 그 운영방식의 문제점과 개선에 대해서 그 누구도 관심을 갖지 않은 것도 사실이다.

ⅱ)는 어떤 연유로 자살한 아버지의 아픈 기억을 상처로 가슴속에 각인시키고 있는 한 아들의 꿩잡이 과정을 다루고 있다. 자식의 운명을 무책임하게 방치한 채 스스로 목숨을 끊어버린 한 비정한 아비의 표상이 작품 속에서 쓰라리게 재생된다. 아들은 마을의 꿩잡이 행사에 나갔다가 '싸이

나'라는 독약이 든 콩을 먹고 비틀거리는 죽음 직전의 꿩을 매몰차게 걷어차면서 극약을 마시고 자살한 아버지의 기억을 떠올린다. 모질고 쓰라린 부성결핍(父性缺乏)을 겪으며 잡초처럼 살아온 자신의 방치된 삶을 반추하면서 아들은 아버지에 대한 연민과 증오를 동시에 떠올린다. 기묘한 오버랩 효과로써 다가온다.

iii)은 우연히 들렀던 항구에서 부두에 정박해 있는 어선들의 광경을 시적 화자는 보고 있다. 풍랑에 흔들리는 어선들은 자기들끼리 몸을 부대끼며 삐걱거리는 소리를 낸다. 시적 화자는 그 삐걱거림을 들으며 처음에는 자유와 해방을 갈구하는 묶인 사물들의 절규로 듣지만 이어서 곧 병상에서 신음하던 아버지의 아픈 추억을 떠올리며 고통스러워 한다. 그 아버지의 표상은 온몸에 링거 줄을 꽂은 채 식물인간의 상태로 눈을 감고 있다. 병든 아버지를 위해 아무런 힘이 되지 못한 자식으로서의 뼈저린 회한(悔恨)이 창작의 모티프로 작용하고 있다.

iv)도 i)과 마찬가지로 노인요양병원을 작품 배경으로 설정하고 있다. 젊던 시절, 아버지에게도 씩씩함과 멋스러움을 뽐내던 청춘의 세월이 있었다. 가슴 떨리던 로맨스의 추억도 있었을 터요, 가족을 위해 온몸을 바쳐 일하던 피와 땀의 세월도 있었다. 이제 그 아버지는 늙고 병들어 노인요양병원에 입원한 상태로 '여섯 발 아가'의 모습처럼 황폐한 모습이 되어 퇴행의 현실 속에 간신히 목숨을 부지해간다.
　시적 화자는 이를 '수직보다 수평에 기울어진 삶'이라 정리하고 있다. 아버지가 걸어온 세월의 발자국은 얼마나 힘들고 쓰라린 것이었으랴? 이제 앞으로 걸어갈 발자국은 미약하기 짝이 없다. 그 노인에게 있어서는 건강을 회복하여 사회에 복귀할 가망은 거의 불가능하다. 시인의 마음은 이렇듯 측은지심(惻隱之心)의 발로에서 시작품의 기초가 이루어지고 있다. 이를 두고 보더라도 가슴이 차고 비정한 사람은 결코 시인이 될 수 없을 것임이 분명하다.
　가슴속에 제각기 아픈 추억과 상처가 없는 사람이 없을 터이나 그 추억과 상처를 관리하고 다독거리며 살아가는 사람들의 모습은 천차만별이다. 시인이란 모름지기 저 진주조개가 자신의 내부에 각인된 상처를 승화시켜서 아름다운 보석으로 만들어가는 것처럼 그렇게 상처투성이의 삶을 시라는 보석으로 빚어낼 수 있도록 불철주야 노력해야만 할 것이다. 진작 자신의 상처뿐만 아니라 남의 가슴속의 상처까지도 따뜻하고 면밀하게 보살피고 마치 자신의 것처럼 끌어안아서 소중한 시작품으로 형상화할 수 있도록 마련된 운명이 시인의 길이 아니던가?

2. 마음의 상처를 극복하게 해주는 평화와 동심(童心)
　일찍이 평화의 기능과 효용성에 대하여 많은 선각자들이

언급을 해왔다. 그 가운데서 가장 인상적인 평화담론은 비평가 콜리지(S. T. Coleridge, 1772~1834)의 말이다. 그는 '세상의 모든 축복 가운데서 가장 가치 있는 것이야말로 평화'라고 하였다. 이러한 평화는 그저 가만히 있는 정태적(靜態的) 상태의 시간이 아니라 끊임없이 생각하고, 삶의 낡고 불편한 장애물들을 걷어내며 새로운 가치를 침착하게 쌓아 올려가는 지속적인 노력 속에서만 확보될 수 있는 소중한 가치이다. 이러한 평화를 얻어내기 위해서는 낡고 복잡하고 불편한 것들과의 투쟁이 반드시 수반되는 것으로 보았다. 그래서 영국 속담에서도 진정한 평화를 원한다면 그 순간부터 전쟁의 준비를 하라고 했던 것이 아닐까? 이런 점에서 평화와 전쟁은 항시 연결된 상태로 지긋지긋하도록 같이 붙어서 따라다니는 속성을 지녔다.

베이컨(F. Bacon, 1561~1626)의 격언 속에서도 이 평화담론은 거듭 확인된다. 그는 전쟁보다 좋은 것이 평화라고 말한다. 이 당위론의 이유는 세상이 평화스러울 때에는 자식이 아버지를 매장하지만, 전쟁이 일어날 경우 아버지가 자식을 매장하게 되기 때문이다. 이란, 이라크, 아프가니스탄, 소말리아, 리비아, 예멘 등 최근 전쟁이 계속되고 있는 여러 나라들에서 이러한 사례를 흔히 보아왔다. 이런 비극이 어디 있는가?

그러므로 시인의 정신세계는 끊임없이 평화에 대한 갈

망으로 이어져 있어야 한다. 1930년대의 시인 백석(白石, 1912~1995)이 작고 보잘것없고 하찮은 사물들에 대한 연민의 마음을 그처럼 강조했던 것도 따지고 보면 백석이 시인의 마음 자세를 힘주어 강조한 것에 다름 아니다. 그가 말했던 "외롭고 높고 쓸쓸한" 정신도 마찬가지로 평화를 사랑하는 시인의 정신을 표현한 것이 아니었을까 한다.

  그토록 가슴 쓰라리고 저미게 하던 고통의 추억과 마음 속의 상처는 평화에 대한 갈망으로 서서히 극복되어간다. 뿐만 아니라 이러한 평화의 마음 자세는 마치 어린이의 마음과도 같은 맑고 순수한 상태에서는 그 위력을 발휘할 수 있다.

  인도 시인 타고르(R. Tagore, 1861~1941)가 "끝없는 세계의 바닷가에/아이들이 소리치며 춤추며 모여든다./그들은 모래로 집을 짓고 빈 조개를 가지고 논다./가랑잎으로 배를 엮어 한 바다에 띄워 보낸다"라고 노래한 것도 기실은 이해타산과 기회주의로 가득 찬 이 천박하고 비속한 세상이 모름지기 위대한 동심을 조금이나마 회복해서 본래의 맑고 깨끗한 세상으로 되돌아가기를 갈망하는 뜻을 나타내려 함이었다. 이해타산을 추구하는 어른들의 계산적인 세계야말로 반드시 파괴될 수밖에 없지만 맑고 순정한 동심은 결코 깨어지지가 않는 것이다.

  이러한 관점에서 다음 시작품은 평화와 동심의 고결한

세계를 담지하게 해주는 맛깔스런 작품이다.

> 내가 한 철 인제 북천 조용한 마을에 살며
> 한 사미승을 알고 지냈는데
> 어느 해 누군가 슬피 울어도 환한 유월
> 그 사미는 뽕나무에 올라가 오디를 따고
> 동네 처자는 치마폭에다 그걸 받는 걸 보았다
> 그들이 주고받는 말은 바람이 다 집어 먹고
> 흰 웃음소리만 하늘에서 떨어졌는데
> 북천 물소리가 그걸 싣고 가다가
> 돌멩이처럼 뒤돌아보고는 했다
> ─이상국, 「흰 웃음소리」 부분

 시인은 초여름으로 접어드는 6월이란 계절을 "누군가 슬피 울어도 환한" 시절이라고 말한다. 이러한 때에 한 마을의 승려와 처녀가 뽕나무에 잔뜩 달린 오디를 따는 광경을 연출하고 있다. 시인은 처녀란 시어 대신에 '처자(處子)'란 고전적이며 정감이 듬뿍 느껴지는 어휘를 사용하고 있다. 이러한 시어를 선택하는 시인의 방식은 이 작품의 고전적 설화성을 강화시키려는 목적에 일정한 기여를 하고 있다. 승려와 처자가 유월 산천을 배경으로 오디나무 밑에서 청춘의 밝고 환한 웃음을 바람에 날리며 수작을 나누는 광경은 매우 동화적이고, 아름다운 설화성을 듬뿍 지녔다. 시를 읽고 난 뒤에도 마치 뽕나무의 새순으로 만든 뽕잎차를 한 잔 마신 뒤의 느낌처럼 입안에 그 맑고 개운한 향취가 은은하게 남아 있다.

이러한 효과는 다음 작품에서도 마찬가지로 작용한다. 이 작품은 한국의 전통 장류(醬類)인 된장, 간장 따위의 제조과정을 시의 맛과 대비해서 풀어가는 멋진 결합의 광경을 보여준다. 된장과 간장이 일정한 발효와 숙성의 과정을 거쳐야만 비로소 맛있는 완성품으로 빚어지듯 시인의 시적 체험이란 것도 반드시 일정한 발효와 숙성의 과정을 거쳐야만 멋진 시작품으로 탄생될 수 있다는 사실을 풍자적 넉살과 기법으로 펼쳐가고 있다.

이 작품도 앞의 작품과 마찬가지로 전개방식과 효과를 설화성에 의탁하고 있음이 확인된다. 시의 전문을 읽는 동안 마치 옛 고담(古談)의 한 토막을 읽는 것 같은 풋풋한 정감이 줄곧 살아서 유지되며 작용하고 있음을 느끼게 된다.

어느 마을엔가 시에 간 맞추는 시인이 살아

시간은 시의 간을 맞추는 일에서 왔기에
생생것인 시가 익어 맛 들어 간이 딱 맞을 그때

코 대어 냄새 맡고 손가락으로 찍어 맛보며
그놈 잘 익었다, 그놈 참 맛있다는 그때

시인이 시를 지고 저잣거리로 팔러나가는
그 시 사려고 사람이 줄을 서는 시간이 있었다

그런 날이면 마을의 밥상마다 잘 익은 시가 올라
시에 밥 비벼 먹는 배부른 저녁이 있었다.

—정일근, 「시, 간」 전문

  백석의 시작품이 지니는 상당한 효과의 저변도 시인이 동화적 기법과 아동화법으로 아동적 감성에 의탁해서 작품의 호흡과 전개를 이끌어가는 방식을 찾아볼 수 있었지만 다음 작품의 경우도 백석의 시세계에서 경험했던 동화적 발상과 기법을 듬뿍 체험하게 해주는 명편(名篇)이라 할 수 있다.

  시적 화자의 정신세계 속에서 어머니는 항시 영원한 표상으로 살아 있음을 보게 된다. 어머니가 살아온 한국의 전통적 여성상으로서의 세월이 고스란히 작품 속에서 재현되고 있다. 그 어머니는 항시 자식들이 입다 만 낡고 해진 옷만 입으셨고, 온갖 우여곡절이 서려 있는 가문의 분위기와 가통의 계승을 묵묵히 도와온 숨은 실천자이다. 어린 시절

어머니가 불러주던 자장가의 청각적 음영 속에서도 대자연의 섭리와 조화로움을 담고 있었음을 일깨워준다.

떨어진 옷에 천 조각을 잇대어서 꿰매어 가듯이 어머니의 삶은 힘든 세월의 모든 상처와 고통을 안으로 삭이며 묵묵히 참고 살아온 시간이었음을 이 작품은 마치 한 이야기꾼(혹은 변사(辯士))이 어머니의 삶을 통해 그대로 실감 나게 알려주듯이 아름답고도 은은한 어조로 알려주고 있다. "~것이었습니다"란 서술형 구문의 반복적 활용에서도 그러한 분위기를 실감하게 된다.

어느 날 어머니는 찬 염주를 돌리며 하염없이 앉아만 계시는 것이었습니다.
어머니는 머리를 숙이고 해진 옷을 깁고 계시는 것만 같았습니다. 꽃, 우레, 풀벌레, 눈보라를 불러 모아서. 죽은 할머니, 아픈 나, 멀리 사는 외숙을 불러 모아서. 조용히 작은 천 조각을 잇대시는 것이었습니다. 무서운 어둠, 계속 안개, 타는 불, 높은 별을 불러 모아서. 나를 잠 재울 적에 그러했듯이 어머니의 가슴께서 가늘고 기다란 노래가 흘러나오는 것이었습니다.
—문태준, 「어머니는 찬 염주를 돌리며」 부분

시적 발화의 전개방식이 굳이 설화성에 의탁하지 않는다

할지라도 시정신으로서의 평화와 동심을 느끼게 하는 방식을 다음 작품에서 확인할 수 있다.

시적 화자는 자상스럽고 자애로운 한 젊은 아버지로서 아들의 귀지를 면봉으로 청소해준다. 그러는 동안 아버지와 아들은 평소 나누지 못했던 이런저런 일상적 사연들에 대해서 대화를 나눈다. 주로 아버지가 아들의 근황을 듣는 편인데, 이를 통해서 가까이 다가가지 못했던 아들의 내면에 좀 더 근접할 수 있게 되었다. 사실 이 장면은 참 아름답고 감격스러운 밑그림이다.

요즘 자녀들은 아버지와 심도 있는 대화를 나누는 기회가 거의 없다고 해도 과언이 아니다. 귀지를 청소해주는 아버지에게 아들이 이야기를 들으면서 시적 화자인 아버지는 자신의 아이가 과연 누구인가를 생각하는 원형질적(原形質的) 사고로 잠겨 들어간다. 이 대목에서 아들의 귓구멍은 고대의 컴컴한 동굴로 환치되어서 인식이 된다. 현생에서 아들은 아버지와 부자간으로 점지(點指)가 되어 만났지만 아득한 전생에서 부자간은 고대의 어느 동굴에서 함께 기거하는 동거자였을 수도 있었다. 혹은 둘이 서로 사랑하는 관계로서 차마 다 하지 못한 미련을 후생에 다시 부자관계로 태어나 마저 풀어가도록 마련되었을 것이라는 추측도 한다. 가족 간의 관계도 차고 돈과 재산에 의해서 모든 것이 결정되고 구획이 되어버리는 이 차고 비정한 시대에서 이처럼 부자간의 도타운 정을 나누는 테마를 다룬 아름다운 시작품을 만나기란 쉽지 않다.

> 오랜만에 아이의 귀를 파주며 얘길 듣는다
> 제 담임선생을 '할배'라 부른다는 것도
> 하루에 문제지를 아홉 장씩이나 풀게 한다는 것도
> (중략)
> 이 아이는 내 아이가 아니다
> 우리 언젠가 어느 고대의 동굴에서
> 추위를 피해 등을 붙이고 살았었을 수 있다
> 아이와 나는 서로 사랑하는 사람이었을 수도 있다
> 잠든 아이의 귓속에서, 아득히
> 무슨 소리가 들려오는 듯도 하다
> ─송경동, 「아이의 귀」 부분

3. 시적 현실과 성찰의 힘은 어디까지 이르렀는가?

'국수'를 테마로 한 시작품은 백석이 최초로 시도했었다.

그런데 역시 국수를 다룬 시작품을 대하고 반가움을 금치 못하였다. 시의 테마는 남들이 다룰 수 없다고 생각하는 그 세계와 범위 속에서 뜻밖에 발견될 수 있는 것이다. 남들이 대개 다루는 테마를 다루게 되면 거의 천편일률로 식상한 느낌을 주게 되기가 쉽다. 이럴 땐 오히려 테마를 이

채롭고도 색다른 것으로 선택하여 파고들어 간다면 놀라운 효과를 거두게 될 확률이 높다. 물론 작품효과를 소홀히 다루어서는 결코 안 될 뿐만 아니라 소재주의에 빠져드는 점도 각별히 경계해야 한다.

다음 작품은 식당에서 국수 한 그릇을 앞에 놓고 앉아서 그 국수를 먹으며 깊은 시적 사념에 잠기는 시적 화자의 성찰 과정을 보여주고 있다. 국수는 과연 어디 있는가? 그것은 "길이라곤 보이지 않는 저 허공 속"으로 이어져 있다. 사실 우리가 살아가는 현실 세계는 얼마나 아득하고 대책 없는 불안감으로 가득한 것인가? 한 개인의 능력으로는 그 불안한 현실을 도저히 장악하거나 통제할 수 없다.

시적 화자는 한 그릇의 국수를 먹으며 삶과 존재성에 대한 품격 높은 성찰로 젖어든다. 이렇게 빚어진 성찰의 과정은 독자들에게 다가가 그들의 삶을 진지하고 사려 깊은 경로로 인도하면서, 진정한 삶의 과정이 어떠한 것인지를 일깨워준다. 한 편의 시는 이렇게 국수를 먹는 과정에서도 탄생할 수 있는 것이니 시인이란 언제 어디에서는 자신에게 주어진 책무(責務)를 깊이 인식하고 그것을 소홀히 여기지 말아야 할 것이다.

다만 한 그릇 국수와 마주앉아 있다
길이라곤 보이지 않는 저 허공 속

사람의 육안으로 잡히지 않는 길
살아갈 길만큼 길어 보이는 국수가락
추적추적 말아 올리노라면 울컥, 묵은
생각의 잔뿌리 끊어버리고만 싶다
—정이랑, 「국수집에서의 명상」 부분

여러 해 전, 문단의 한 원로시인이 우리 곁을 떠났다. 김규동(金奎東, 1925~2011) 시인이 바로 그분이다. 선생은 함경북도 종성, 국경 가까운 두만강 주변 마을에서 태어나 고향의 학교에서 김기림(金起林, 1908~?) 시인으로부터 문학의 눈을 틔웠다. 굳이 남쪽으로 내려올 만한 뚜렷한 이유가 있었던 것도 아니나 다만 서울로 떠나간 스승 김기림 선생을 만나기 위해 내려왔다가 분단으로 결국 고향으로 되돌아가지 못하였다.

남녘땅에서의 생활이란 시련과 상처투성이였다. 모든 문단 인사들이 무슨 편, 무슨 당을 만들어 분파주의(分派主義)에 혈안이 되어 있을 즈음, 김규동 시인은 스승을 찾아가 고독과 상처를 극복해서 부디 한 사람의 큰 시인으로 거듭 태어날 귀한 가르침을 받는다. 험난한 분단시대를 배경으로 김규동 시인은 처음에는 스승으로부터 배웠던 모더니즘적 방법론으로 독자 대중들과 다소 유리된 스타일로 작품을 쓰며 살았다.

혈혈단신으로 이남에 내려와 오로지 가족을 보살피고 거두는 일, 남녘땅에서 새로운 뿌리를 내리며 살아가는 일에 골몰하였다. 1970년대 중반, 한 청년노동자의 분신자살사건을 겪으며 자신의 창작방법론이 지닌 문제점을 반성하고 수정하면서 모더니즘을 역사주의, 혹은 민족주의와 결합하는 방식으로 전환하였다. 기본적인 체질 전환을 수반해야만 하는 이러한 선택은 한 모더니스트로서 매우 힘든 결정이었다. 그의 스승 김기림 시인도 8·15광복을 겪으며 경박한 모더니즘에 대한 신랄한 자기반성에 휩싸이면서 역사주의와 결합한 새로운 모더니즘을 선택하지 않았던가?

그런 한편으로 김규동 시인은 북에 두고 온 어머니를 몽매간에도 잊지 못하는 절절한 사모곡(思母曲) 시편들을 잇달아 발표하였다. 그러한 시작품의 경우 어머니와 아들이 제각기 한 마리의 나비가 되어서 비무장지대 상공에서 만나 얼싸안고 몸 비비며 통곡하는 장면을 그린 눈물겨운 작품들이었다. 이제 김규동 시인의 영혼은 이승을 떠나 분단의 경계도 없는 공간에서 그토록 그리워하던 어머니를 만나 영면할 수 있게 되었다.

발인을 하루 앞둔 가을날 오전, 필자는 서울삼성병원 영안실로 시인께 마지막 작별 인사를 드리기 위해 찾아갔었다. 이른 시간이라 조문객도 거의 없었고, 통곡 재배를 드린 다음 상청에 나와 앉았는데, 마침 고은 시인과 비평가

염무웅 선생이 조문을 드리러 왔다가 반갑게 만나서 담소를 나누었다. 물론 월남 실향민의 한 사람으로서 고단한 평생을 살아가셨던 김규동 시인의 생애에 관한 여러 흥미로운 추억담도 들었다.

다음 작품은 고인이 된 김규동 시인의 표상을 작품 테마로 다루고 있다. 한 원로 시인의 타계를 이렇게라도 다룬 시작품이 있다는 사실이 못내 반가웠다. 분단 수십 년 동안 언제나 시인의 단골 시어이던 '나비'는 지금 어디쯤 팔랑팔랑 날아가고 있을까?

    나비 한 마리 숨 고르고 있다

    사방이 하얗다

    날개에 손을 내민다

    가만히란 말이 만져진다

    『바다와 나비』를 따라 내려온

    나비가 광장 한복판에 앉아

북녘 하늘을 향해 날개를 펴고 있다

—정정례, 「나비 곁에서」 전문

4. 마무리

우리는 늘 좋은 시를 찾아서 여러 곳을 다녔고, 많은 책을 읽었으며, 우리 시의 현재성과 미래성에 대한 다각적인 성찰을 해왔다. 그 옛날 희랍의 디오게네스(Diogenes)가 대낮에도 등불을 들고 진정한 사람을 찾아서 다녔듯이 필자 또한 참된 시의 표상을 찾아서 안광(眼光)을 번뜩이며 이곳저곳 뒤지고 다녔다. 문제는 시의 모든 요건을 갖춘 시, 시의 방향성을 옳게 설정하고 나아가는 시작품을 참으로 찾기 어렵다는 점부터 먼저 고백해야겠다.

왜 이렇게도 우리 시단에는 시인들이 시 쓰기를 마치 한 순간의 장난처럼 경솔하고, 경박한 자세로 임하는 경우가 허다한가? 왜 이렇게도 진지성이 결여되고, 마치 자신의 지적 수준을 뽐내며 과장하는 듯 공연히 평범한 시어를 비틀고 쥐어짤 뿐만 아니라 순정한 시어를 무수히 난도질하는 광경, 터무니없는 과장과 위선의 사례까지도 빈번하게 횡행하는가? 참으로 한심하기 짝이 없다는 낙담과 좌절감마저 들었다. 심지어는 시의 장르에 대한 모독 행위까지 서슴지 않으면서 시를 마치 한 장의 법적인 고발장, 천박한 내용증명 수준으로 격하시키는 우울한 사례까지도 목격하였다. 문제는 문학저널의 발간과 운영을 책임진 사람들의 수준이나 양식마저 의심될 수밖에 없는 이런 행태가 시단에서 버젓이 자행되고 있다는 사실은 과연 무엇을 말하는 것인가? 그것은 한국시단의 수준을 현저히 격하시키는 꼴에 다름 아니다.

하지만 이런 가운데서도 참된 시를 쓰고자 하는 진정한 시인들은 보석처럼 곳곳에 숨어 있어서 그들이 보내는 불면의 밤과 몰두의 시간으로 인하여 우리 시의 현재는 튼튼하게 유지되고, 미래는 밝은 전망으로 이어지는 것이다. 지난 시기 한 개인이나 집단이 받았던 모진 상처나 유린의 기억들은 이제 평화의 갈망과 동심의 지향으로 서서히 정리되며, 슬픈 앙금들도 여과되어간다. 식민지와 분단의 고통스런 추억을 완전히 씻어내기 위해서는 무려 그 열 배의 시간이 필요하다고 하니 우리는 아직도 그 시간의 초입을 벗어나지 못하고 있는 것이다. 곰곰이 돌이켜보면 지난 시기 한국의 시문학사에서 자신의 정신세계를 우뚝 일으켜 세웠던 분들은 대개 자신의 처지나 손익을 헤아리지 아니하고 오로지 시정신의 구축을 위해서 분투의 삶을 살았다. 어떤 악조건 속에서도 그 선배들은 시를 언제나 최상의 가치에 두고 진지한 삶을 살았던 것이다.

문학의 역사는 항시 끈끈하게 이어져가는 연속성(連續性)을 바탕으로 하는 것인데도 왜 우리들은 오늘날 그 선배

시인들의 숭고한 활동과 생애를 면면하게 이어가려는 의욕조차 갖지 아니하는가? 하지만 이것은 내가 과분해서 하는 불평이기를 바란다. 지금 이 순간 아직도 그 이름이 문단에 크게 알려지지 않은 한 시인이 어느 곳에 숨어 있어서 장차 한국시 정신사의 맥을 이어가려는 크나큰 포부를 안고, 앞으로의 삶을 진지하게, 다부지게, 그리고 견결하게 살아가는 장엄한 광경을 자꾸만 상상해보는 것이다.

신종족

2021년 5월 11일 초판 1쇄 펴냄

지은이 _ 이동순
펴낸이 _ 양문규
펴낸곳 _ 詩와에세이

신고번호 _ 제2017-000025호
주　　소 _ (30021)세종특별자치시 조치원읍 충현로 159
　　　　　 상가동 107-1호 (욱일아파트)
대표전화 _ (044)863-7652, 070-8877-7653
팩시밀리 _ 0505-116-7653
휴대전화 _ 010-5355-7565
전자우편 _ sie2005@naver.com
공 급 처 _ 한국출판협동조합
주문전화 _ (02)716-5616
팩시밀리 _ (031)944-8234~6

ⓒ이동순, 2021
ISBN 979-11-86111-94-9 (03810)

* 지은이와 협의하여 인지는 생략합니다.
* 이 책 내용의 전부 또는 일부를 재사용하려면 반드시 지은이와
  詩와에세이 양측의 동의를 받아야 합니다.
* 책값은 뒤표지에 표시되어 있습니다.